GESCHICHTE DES RITTERTUMS

DR. OTTO HENNE AM RHYN

GESCHICHTE
DES
RITTERTUMS

ATHENAION

Nachdruck des unter der Nummer 5883 h
in der Stadtbibliothek Lübeck katalogisierten Bandes

ISBN 3-88851-166-6

Einleitung.

Das Wort »Ritter« bezeichnet ursprünglich einen Reiter, d. h. einen sich des Pferdes zur Fortbewegung bedienenden Mann. Schon früh indessen hat es die speziellere Bedeutung eines bewaffnet zu Pferde Kriegsdienste leistenden Mannes von vornehmem Range erhalten. Aus dieser Bedeutung entwickelten sich die Begriffe des Ritterstandes, des Rittertums und der Ritterlichkeit. Umfasst nun derjenige des Rittertums noch lediglich alle jene Verhältnisse, mit welchen der Ritterstand im Zusammenhange steht, und bezieht er sich auf eine bestimmte Zeit, nämlich auf diejenige, in welcher der Ritterstand wirklich ein abgeschlossener Stand war, also auf das spätere Mittelalter und den Anfang der neuern Zeit, und zwar vorzugsweise auf das Abendland, d. h. das Gebiet der lateinischen Kirche, so hat dagegen der Begriff der Ritterlichkeit einen weitern Umfang erlangt, indem er den Inbegriff derjenigen Eigenschaften umfasst, welche zur Zeit des Rittertums eine Zierde des Ritterstandes bildeten. In diesem Umfange bezieht er sich denn auch auf Zeiten und Gegenden, in welchen das Rittertum als solches nicht mehr besteht oder niemals bestanden hat. Seitdem aber dasselbe aufgehört hat zu bestehen, hat auch das Wort »Ritter« eine ganz andere Bedeutung erhalten und bezeichnet einerseits das Mitglied eines Ritterordens und anderseits eine Stufe des niedern Adels.

Bei diesem Wechsel der Begriffe ist es denn nicht anders möglich, als dass derjenige der Ritterlichkeit im Verlaufe der Kulturentwicklung mit Zuständen und Verhältnissen,
die denen des Rittertums mehr oder weniger ähnlich sind,
bald in engerm, bald in weniger engem Zusammenhange
steht; ja es kann sogar der Fall eintreten, dass er in einer
dem Rittertum ähnlichen Verfassung weniger hervortritt, als
in einer ihm unähnlichen. Zu den oben angedeuteten Lichtseiten des Rittertums, die wir als »Ritterlichkeit« zu be-
zeichnen gewohnt sind, gehören besonders: die Tapferkeit
im Kriege, die Grossmut gegenüber den Besiegten, die Höflichkeit gegenüber den Damen, die Gastfreundlichkeit und
die Treue gegen die Vorgesetzten. In den Zeiten des Rittertums kam dazu noch die Freude an Musik und Poesie und
sehr oft die eigene Übung dieser Künste, was heute beides
nicht mehr unter »Ritterlichkeit« verstanden wird, während
kaum jemand die Gewandtheit in allerlei Sport (besonders
Jagd, Reit- und Fechtkunst) von diesem Begriffe trennen
wird. Dagegen traten in den Zeiten des Rittertums sehr oft
Schattenseiten an die Stelle jener Lichtseiten, wie z. B. Mut-
losigkeit in ernsten Augenblicken, Grausamkeit, Ungerech-
tigkeit, Abfall vom rechtmässigen Herrn, Brutalität gegen
das schwache Geschlecht, und besonders das berüchtigte
Raubrittertum. —

So ist denn mit Sicherheit anzunehmen, dass die »Ritterlichkeit« ebensowenig wie eine andere Reihe zusammenpas-
sender Tugenden jemals und irgendwo in voller Reinheit
geherrscht hat. Wir wollen uns indessen umsehen, wo und
wann wir, bevor wir die Geschichte derjenigen Verhältnisse,
die dem »Rittertum« irgendwie ähnlich sind, verfolgen, ihre
Spuren treffen. Dem Rittertum in irgend welcher Weise
entsprechende Verhältnisse, d. h. mehr oder weniger organisierte Wehrkräfte höhern Ranges haben wohl alle zivilisierten
Staaten von jeher gehabt; aber auch wo diese fehlen, bei
den sogen. Naturvölkern, werden wir Spuren der Ritterlichkeit vorfinden. Die Naturvölker, d. h. die Völker, auf welche
die Natur einen grössern Einfluss ausübt, als sie auf die
Natur auszuüben vermögen, lassen sich in Bezug auf Analogien

der Ritterlichkeit in drei sie indessen nicht erschöpfende Gruppen scheiden: in solche, deren Passivität, in solche, deren despotische Unterdrückung durch Machthaber keine solche Analogien zulässt, und in solche, bei denen diese zu finden sind. Zur ersten dieser Gruppen gehören z. B. die geradezu verwahrlosten Völker, die in den äussersten Süden und Norden der bewohnten Erde verschlagen sind, wie Hottentotten und Buschmenschen, Australier, Feuerländer, Eskimos und nordsibirische Stämme, zur zweiten besonders die Negervölker Mittelafrikas. Beispiele der dritten finden sich in allen Erdteilen. Eines der ritterlichsten Völker, soweit wir uns dieses Ausdruckes bedienen dürfen, sind die Zulukaffern, die in neuester Zeit einen eigentlichen Militärstaat gebildet haben. Ihr Fürst Tschaka hat ihnen eine bewundernswerte Organisation gegeben, die man für eine Nachahmung der Ritterzeit halten könnte, wenn er diese gekannt hätte. Die Krieger der Zulus bildeten bis zur Auflösung ihres Staates unter Ketschwäio eine Art militärischen Ordens; sie mussten ehelos leben, wovon der König nur bei den Ältesten Ausnahmen machte, und zerfielen in die 3 Armeecorps: der Knaben, der jungen Soldaten und der Veteranen, von denen die beiden letzten sich durch den verfilzten Haarkranz und den rasierten Schädel auszeichneten, und diese Corps teilten sich wieder in Regimenter, die vor dem König paradierten. So sehr ihre Tapferkeit und ihr Stolz auf die Waffenehre, so wenig erinnerte aber ihr Verhalten gegen die durchaus sklavisch behandelten Frauen an Ritterlichkeit. Einen Anklang an diese letztere bieten auch die Areoi, die ehemaligen Aristokraten der polynesischen Gesellschaftsinseln (Tahiti und Umgebung), bestehend aus einem kriegerischen, ehe- und zügellosen Adel und seinem Anhange von Sängern, Tänzern, Schauspielern und Lustigmachern. Sie huldigten durchweg der freien Liebe, und ihre Kinder wurden in der Regel auf die Seite geschafft. Die Aufnahme in ihre Korporation war mit Ceremonien und ihre Organisation mit Graden verbunden.

Ritterliche Eigenschaften kamen früher manchen Stämmen der Ureinwohner von Amerika zu, so im tiefen Süden den Patagoniern und Arankanern und noch mehr im

hohen Norden den Indianern der Vereinigten Staaten und
Canadas; diese Völker sind jedoch heute verkommen und dem
Untergange geweiht. Ihr früherer wilder Mut, der selbst
europäischer Überlegenheit im Waffenhandwerke trotzte, ihre
staunenswerte Unempfindlichkeit gegen körperlichen Schmerz,
das feste Zusammenhalten ihrer Stämme und ihre Achtung
vor den Frauen hat elender Thatlosigkeit, Ränkesucht, Hinter-
list und Trunksucht Platz gemacht, — allerdings nicht ohne
die Schuld der systematisch diese Völker korrumpierenden
Europäer.

Mehr Ritterlichkeit haben die Völker des Kaukasus,
besonders die Tscherkessen bewahrt. Sie haben in ihren
gesellschaftlichen Einrichtungen, einem über dem Volke stehenden Bürgeradel, viel ähnliches mit den mongolischen Völkern Mittelasiens, deren blosses Reiterleben jedoch bei
ihnen in vielen Zügen zu einer Art Rittertum geworden
ist. Es fehlt jedoch hier infolge des Islam die Achtung der
Frauen, und auch die ritterlichen Eigenschaften des Mutes,
des Freiheits- und Kriegerstolzes sind dem russischen Joche
erlegen.

Unter den die Stufe der Naturvölker überragenden, mit
der europäischen Kultur nicht zusammenhängenden Nationen
bietet Japan, wie es vor dem Jahre 1868 war, die auffallendsten Ähnlichkeiten mit dem mittelalterlich-feudalen Europa
dar. Dieses Inselreich des äussersten Ostens der Alten Welt
war vor dem Beginne seiner Verbindungen mit dem modernen Europa eine aristokratische Monarchie, in welcher
ein Adel (die Familie Fujiwara) den Kaiser umgab und vom
Volke abschloss, die Kriegführung aber anderen Edelleuten,
den Daimios, übertrug. Es waren dies durch Tragen zweier
Schwerter ausgezeichnete Lehensfürsten, die wieder Lehensleute hatten, aber die Hälfte des Jahres am Hofe des Schogun
(ehemaligen Oberbefehlshabers, der den Kaiser zum blossen
Oberpriester herabdrückte) und die andere Hälfte in ihren
Lehen zubrachten, wodurch sie im Zaume gehalten wurden.
Dem baroken Geschmacke der ostasiatischen Völker entsprach
es, dass ein weiteres Mittel, sie abhängig zu machen, in ihren
Augen geradezu eine Ehrensache wurde, indem die barba-

rische Sitte des Harakiri (Bauchaufschlitzens), zu welchem die Ungehorsamen verurteilt wurden, nahezu die Stelle des europäischen Zweikampfes einnahm.

Viel weniger als das ferne und fremdartige Japan boten ritterlichem Geiste die beiden Reiche Raum, welchen Europa die ersten Keime seiner Kultur verdankt — die Reiche am Nil und am Eufrat und Tigris, Ä g y p t e n war zu sehr vom priesterlichen Einflusse erfüllt, um ritterliche Züge aufkommen zu lassen, und B a b y l o n i e n mit A s s y r i e n begrub jede Regung solcher Züge unter dem rücksichtslosen Despotismus seiner Herrscher und unter der Brutalität seiner Kriegführung, die lediglich eine fortgesetzte Schlächterei und Verwüstung war. Auch darin wie in allen anderen waren die P e r s e r die gelehrigen Schüler der Assyrer; doch hatte ihr arisches Blut die Folge, dass einzelne ihrer Schahe ritterliche Züge an den Tag legten. Dies gilt von Kyros, dem Gründer ihrer Monarchie. Sein Verhalten gegen die Besiegten Astyages und Krösos war echt ritterlich. Auch Dareios, der Wiederhersteller des zerrütteten Reiches, war eine ritterliche Natur, wie u. a. seine Dankbarkeit gegen Zopyros zeigt. Beiden aber folgten unritterliche Söhne, echt orientalische Despoten. In der Zeit des Verfalles ragt aus der entarteten Familie der Achämeniden die lichte Gestalt des hellenisch gebildeten jüngern Kyros hervor, dieses ritterlichen Vorgängers Alexanders des Grossen, welchem dasselbe misslang, was dem grössern Nachfolger gelingen sollte — die Hellenisierung des Orientes.

In grossartiger Weise spricht ritterlicher Geist aus dem grossen Heldengedichte der arischen I n d e r, dem Mahâ-Bhâratam. Die vielgeprüften Brüder, die Pandusöhne Yudhischthira, Bhima und Ardschuna, sind echt ritterliche Gestalten, ebenso grossmütig als Sieger gegen die Besiegten, wie tapfer im Kampfe gegen die Feinde und ebenso oder noch mehr verletzt durch die Beschimpfung ihrer gemeinsamen Gattin Draupadi, als durch den Verlust ihres Reiches im verhängnisvollen Würfelspiele. In diesen wilden Kämpfen ist aber das Geschlecht der Krieger, die Kaste der Kschatrija, untergegangen; in Indien herrschen die Brahmanen, das Volk verweichlicht, und, wie das zweite Heldengedicht, Râmâjana, zeigt, tritt die Askese des Einsiedlerwesens in tropischen Wäldern an die Stelle kühner Thaten. Wo Kriegszüge noch vorkommen, haben sie nur noch einen religiösen Zweck.

Kein Zeitalter ist indessen demjenigen unseres mittelalterlichen Rittertums ähnlicher als das der homerischen Helden im alten Hellas. Wir finden hier eine Menge kleiner Fürsten, die einem Oberfeldherrn (wie im Mittelalter dem Kaiser oder König) nur bedingungsweise gehorchen und allein handeln, ohne dass das Kriegsvolk hervortritt. Sie befehden sich unter einander, und nur ferne Abenteuer (Argontenfahrt und troischer Krieg) vereinigen sie zu gemeinsamem Handeln. Die Erbfolge in ihren kleinen Staaten ist nicht geregelt, und der Adel empört sich ohne Bedenken gegen dieselbe (wie die Freier der Penelope), während kein Volksmann gegen den Adel murren darf. Ritterlich im guten Sinne ist die ausgedehnte Gastfreundschaft, die gegenseitige Freigebigkeit, die Lust an der Feier hoher Heldenthaten durch begabte Sänger, die hohe Stellung der Frauen (Nausikaa, Penelope, Andromache) und die weitgetriebene Rücksicht auf sie (Helena), während aber auch der Missbrauch ihres Einflusses nicht ausbleibt (Klytämnestra). An die schwachen Seiten des Rittertums erinnern dagegen: Maitressenwesen (Briseis und Chryseis), Entführung (Paris und Helena), Blutrache (Orestes), Aberglaube (Deutung des Vogelflugs). Wie die mittelalterlichen Ritter der Kirche, sind die homerischen Helden dem Götterstaate des Olympos ergeben und halten die Seher (Teiresias) und selbst Seherinnen, denen sie nicht glauben (Kassandra), und zauberische Fürstinnen (Kirke und Kalypso) hoch. — In der geschichtlichen Zeit der Griechen wird die Ritterlichkeit durch oligarchisches und noch mehr später durch demokratisches Wesen verdrängt, und aus der monarchischen Verfallzeit leuchtet als einziges Beispiel ritterlichen Wesens, wenn auch reichlich mit dessen Schwächen behaftet, Alexander der Grosse hervor.

Erste Abteilung.
Das weltliche Rittertum.

Erster Abschnitt.

Die Entstehung des Rittertums.

Die Geschichte des Rittertums müssen wir da beginnen, wo der Name der Ritter, wenn auch in fremder Sprache, zuerst erscheint. Es ist dies im alten Griechenland der Fall. Nicht vom Reiten, sondern vom Reittier, dem Pferde, hatten in Hellas und Rom die „Ritter" den Namen. Wir finden diesen zuerst in der von Solon seinem Athen gegebenen Verfassung. Die zweite der Vermögensklassen, in welche dieser grosse Gesetzgeber seine Mitbürger teilte, hiess die der Ritter (ἱππεῖς); ihre Mitglieder mussten einen Grundbesitz von 3600 bis 6000 Drachmen aufweisen, wovon sie aber nur 3600 zu versteuern hatten. Aus diesen Rittern bestand die Reiterei, welche unter Perikles zehn Geschwader, jedes von 100 Mann zählte. Sie bildeten auch in dieser späteren Zeit eine stehende Truppe und bewahrten als Genossenschaft einen aristokratischen Charakter gegenüber den demokratischen Bestrebungen der Menge. Später (403 vor Chr.) entwürdigten sie sich soweit, den berüchtigten 30 Tyrannen als Leibgarde zu dienen, und es machte böses Blut als die Amnestie nach dem Sturze dieser Machthaber sie mit Verfolgung verschonte, so dass sie nach der Wiederherstellung der demokratischen Verfassung für das Ausrüstungsgeld der Reiterei, welches der Staat lieferte, belangt wurden, so dass man die 300 Reiter, welche Sparta von Athen (399 v. Chr.) zum Kriege gegen die Perser verlangte, aus ihrer Zahl nahm und dabei hoffte, sie würden aufgerieben werden.

Auch in anderen hellenischen Staaten und in Colonien dieses Volkes bildeten Söhne der Aristokratie die Reiterei und zugleich eine politische Körperschaft, welche der Demokratie feindlich gegenübertrat.

Ganz anders entwickelte sich der Stand der Ritter (equites) in R o m; auch hier waren diese ursprünglich die Reiterei. Der Name ging jedoch mit der Zeit auf diejenigen Plebejer über, welche als höchst besteuerte ihres Standes mit e i g e n e n Pferden dienten. Mit der Zeit aber gelangten sie zu einer mehr politischen als kriegerischen Bedeutung und nahmen eine Mittelstellung zwischen Patriziern und Plebejern ein. Sie bildeten nun gewiss im schärfsten Gegensatze zu dem, was wir als Ritterlichkeit betrachten, die eigentliche Feldaristokratie Roms, waren Bankhalter, Steuerpächter, Grosshändler, Spekulanten und Wucherer. Wer unter das zur Ritterklasse erforderliche Vermögen (von 400.000 Sestertien) herabsank, verlor auch die Rechte dieses Standes. »Ritter«, die sich über die blossen Geldinteressen erhoben (freilich ohne sie aufzugeben) und auch für Kunst und Wissenschaft Sinn hatten, wie Cicero's Freund T. Pomponius Atticus, waren selten; aber auch dieser handelte mit Sklaven, vermietete Gladiatoren und lieh auf Wucher aus, selbst Königen, war aber gegen Cicero ein sehr nachsichtiger Gläubiger. — Die Senatoren durften derlei Geschäfte nicht machen, verschmähten es aber nicht, sich heimlich mit »Rittern« zu solchen zu verbinden. Unter den Kaisern wurden die römischen »Ritter« überdies der Kern der Bureaukratie.

Indessen auch ausserhalb des sog. Ritterstandes finden wir bei den Römern die Ritterlichkeit nicht; dieses Volk war zu kühl und trocken, zu berechnend und habsüchtig, um edleren, wenn auch mit Schwächen verbundenen Regungen zugänglich zu sein.

Finden wir nun in Rom den Namen des Rittertums ohne dessen Wurzel, so müssen wir die letztere, ohne noch den Namen vorzufinden, bei den Vorfahren der mittelalterlichen Ritter, den alten K e l t e n und G e r m a n e n suchen. Über die Sitten der Organisation und die ersteren wissen wir nichts Zuverlässiges und können höchstens vermuten, dass die etwas abweichenden Auffassungen des Rittertums unter den Franzosen und Deutschen einer ursprünglichen verschiedenen Lebensanschauung der Kelten und Germanen entstammen dürften.

Bei den Germanen finden wir die erste sichere Wurzel des mittelalterlichen Rittertums in ihrem Adel, dessen Ursprung dunkel ist. Es kann jedoch kaum zweifelhaft sein. dass er sich von Alters her aus denjenigen freien Männern zusammensetzte, die sich im Kriege auszeichneten und dafür Ehrenbezeugungen genossen. Dafür spricht, dass er auch in der Folge keine abgeschlossene Kaste bildete, sondern jedem tüchtigen Mann offen stand, was um so notwendiger war, als er im Kampfe das Vordertreffen einnahm und daher mehr als die übrige Mannschaft der Gefahr ausgesetzt aufgerieben zu werden. Aus seinen Reihen wurden die Könige und Fürsten gewählt. Eine höhere Bedeutung erlangten die früher an Macht sehr geringen Könige der Germanen, als ihre Völker im Kampfe mit Rom sich zu Völkerbünden erweiterten und römische Provinzen, die sie eroberten, zu gemanischen Reichen umschufen. In ihren Königen und ihrem Adel schlummerte indessen das ritterliche Wesen noch lange. Auf den Zügen der grossen Völkerwanderung bieten sie die Erscheinung von tapferen Freibeutern nach ihrer Festsetzung auf Römerboden aber diejenige von Nachahmungen römischer Kaiser besserer und schlimmerer Art dar. Darin lagen schon einige Keime des späteren Rittertums, zu dessen Ausbildung es jedoch mancher Wandlungen, sowohl in der Hof- und Kriegsverfassung als in der höheren Kultur bedurfte.

Die erste Verumständung, die mit der Zeit zum eigentlichen Ritterwesen führte, war die des H o f d i e n s t e s. Der alte Adel war in den wilden Kämpfen der Völkerwanderung nach

und nach grösstenteils untergegangen, und wenn seine Lücken
ausgefüllt wurden, so konnte dies in den neuen Reichen bei
deren mächtiger Ausdehnung nicht mehr auf die alte Weise
geschehen. Die früheren Volksversammlungen der Gaue waren
nicht mehr möglich; denn die Germanen lebten jetzt über
weite Gebiete zerstreut zwischen den früheren Bewohnern,
die man wegen ihrer Sprache »Römer« nannte. Es gab nun
keinen andern Massstab für die Rekrutirung des Adels, als
die Gunst des Königs, der nur seinem Hofe nahe, der grossen
Mehrheit des Volkes aber ferne war. Nichts war unter diesen
Umständen natürlicher, als dass der König d i e Leute an
sich heranzog, die ihm persönliche Dienste leisteten, und
wenn sie auch ursprünglich Leibeigene waren. Der D i e n s t -
a d e l trat an die Stelle des alten Geburts- und Kriegsadels,
der entweder ausstarb oder in Dunkelheit versank, auch wohl
vom neuen Adel aufgesogen oder wegen seines Auftretens
gegen das an die Römerkaiser erinnernde despotische Wirken
der Könige beseitigt wurde. Die Freien aber, die im Dienstadel keine Berüksichtigung fanden, da die Machthaber in
früheren Leibeigenen ergebenere Diener erhielten, verarmten
und waren meist gezwungen, ihrerseits unfrei zu werden.
Dazu lockte die vorteilhafte Lage der M i n i s t e r i a l e n, der
ursprünglich unfreien Bediensteten, welche freie Kost und Wohnung und oft noch ein Gut (beneficium) zum Lehen erhielten
und trotz ihrer Abhängigkeit oft grossen Einfluss auf ihre Herren
erlangten, welche dieser Beamten nicht entraten konnten.

Unter den Karolingern war der Dienstadel bereits völlig
ausgebildet, d. h. er erlangte die Erblichkeit, und ein grosser
Teil des heutigen Adels stammt von ihm her. Je schwächer
die Könige nach Karl dem Grossen wurden, desto unabhängiger benahmen sich die Grossen des Reiches. Sie stiegen
zu Polizei- und Gerichtsherren ihrer weiten Güter empor,
erlangten die Immunität. Aus Beamten waren selbstständige
Herren geworden, die sich dem Könige nur noch unterordneten,
soweit es ihnen gefiel. Die Grafen waren nicht mehr bloss
Richter, die Herzöge nicht mehr bloss Heerführer, sondern
beide Landesherren, deren Würde kraft des Erbrechtes auch
Witwen und Kinder besitzen konnten.

Gleichzeitig mit diesen politisch-sozialen Grundlagen des
Rittertums entwickelten sich auch die militärischen. Die ersten
Keime derselben lagen im G e f o l g e, welches schon in alt-
germanischer Zeit die Könige, Herzöge und Fürsten umgab,
ihnen in Krieg und Frieden als berittene Leibwache diente
und teils aus erprobten Kämpen, teils aus Jünglingen bestand,
die den Krieg erlernen wollten und nach Ruhm dürsteten.
Die Gefolgsmänner dienten freiwillig, waren aber dem Herrn
zu unbedingter Ergebenheit verpflichtet. Ihr Wesen war bereits
echt ritterlich; nur bildeten sie noch keinen Stand und entbehrten noch der höheren K u l t u r des späteren Rittertums.
Im grossen Frankenreiche hiessen sie A n t r u s t i o n e n und
waren an Rechten den höheren Beamten und höheren Geistlichen gleichgestellt, indem sie gleich diesen Anspruch auf
das dreifache Wehrgeld eines Freien hatten, das im Falle
ihrer Tötung ihren Verwandten von Seite des Thäters zu
entrichten war. Diese Höherstellung solcher, die sich ausschliesslich dem Kriegsdienste widmeten, entwickelte sich stetig
weiter. Infolge des erwähnten Niedergangs der Freien und
der zunehmenden Unabhängigkeit der Grossen wurde die allgemeine Dienstpflicht immer weniger leistungsfähig. An
ihre Stelle musste die Freiwilligkeit treten, und die Könige
mussten ihr Kriegsvolk hernehmen, wo sie konnten. Seit
dem 10. Jahrhundert warben sie Söldner an, welche die
Lücken in den Heeren der oft unbotmässigen Vasallen aus-
füllen mussten. Die alten Volksheere verschwanden nach und
nach, und die Römerzüge, wie später die Kreuzzüge, die
mehr Zeit erforderten, als die Leute aus dem Volke aufwenden
konnten, wurden mit Vasallen- und Soldheeren ausgeführt.
Zugleich wuchs die Reiterei gegenüber dem Fussvolke an,
wozu einerseits die Kämpfe gegen die berittenen Araber und
Magyaren, andererseits die weiten Entfernungen beitrugen,
nach welchem sich jene Züge bewegten.

Die erwähnte Unbotmässigkeit war indessen nicht die
Regel, sondern eine Ausnahme. Im Ganzen und Grossen
war das L e h e n s - o d e r F e u d a l w e s e n festgefügt. Es
beruhte auf feierlichem Eide, den der Belehnte in die Hände
des Lehnsherrn ablegte, wobei er sich unbewaffnet und knieend

auf das Evangelium und auf Reliquien verpflichtete, ihm nach bestimmter Zeit zuzuziehen und ihm treu zu sein.

Der Lehensnehmer, empfing das verliehene Grundstück sinnbildlich in Gestalt einer Handvoll Erde oder eines Baumzweigs, auch eines Stabes, Hutes, Handschuhs, Ringes, Schwertes oder Speeres, — ein Fürstentum aber unter Befestigung einer Fahne an die Speerstange (Fahnenlehen), und übernahm zugleich die Pflicht, den Lehnsherrrn aus jeder Gefahr zu befreien, ihn und die Seinigen gegen alles Unheil

BERITTENE KRIEGER DES 10. JAHRHUNDERTS
(Aus dem Psalterium aureum in St. Gallen).

zu schützen, für ihn als Geisel oder Bürge zu dienen, ihn aus der Gefangenschaft zu lösen, ihn bei der Schwertleite seines ältesten Sohnes und der Hochzeit seiner ältesten Tochter zu beschenken u. s. w. Dagegen versprach der Lehnsherr dem Vasallen gegen jedes Unrecht zu schützen, ihn väterlich zu behandeln und gerecht zu richten. Der sich für verletzt haltende Vasall konnte sich bei dem Obern seines Herrn beklagen, und wenn er hier kein Recht fand, zur Fehde greifen. Am Ende des 10. Jahrhunderts begannen

die Oberherren, von den Erben ihrer Dienstmannen eine Abgabe zu verlangen, die bei grösseren Grundstücken in einer
Geldsumme, bei kleineren in einem Tier oder einer Sache,
z. B. einem Pferd oder Hirsch, einem goldenen Sporn und
dergl. bestand. Der Lehnsmann folgte nach dem Tode
seines Herrn dessen Rechtsnachfolger; wenn solcher mehrere
waren, so bestimmte ihm der Oberlehnsherr den seinigen.
Er brauchte aber nur einem Heerschildgenossen seines Herrn
zu folgen, und auch nur, wenn dieser mündig war. Einem
unmündigen Lehensherrn gegenüber ruhten die Lehendienste.
Gegenstand des Lehens konnte jeder Besitz sein, von einem
Herzogtum bis herab auf ein Stück Acker, sowie jedes
Recht, vom Münz- und Zollrecht herab bis auf eine kleine

Lehenseid eines Fürsten vor dem König und eines Ritters vor dem Fürsten
nach dem Sachsenspiegel.

Dienstleistung. Von der Verleihung auf wenige Jahre schritt
man allmählich bis zur Lebenslänglichkeit der Lehen und
bis zu ihrer Erblichkeit fort. Die Könige konnten natürlich
nur Lehensherren sein, die Eigenen nur Lehensleute, beides
aber, sowohl weltliche als geistige Würdenträger jeden
Ranges.

Das Lehenswesen hat sehr viel dazu beigetragen, die
Landeskultur zu verbessern, die Güter zweckmässig zu ver-
teilen, und in sittlicher Beziehung das Pflichtgefühl der Treue
zu stärken.

Nachdem im 10. und 11. Jahrhundert der Unterschied
zwischen dem alten Adel und dem Dienstadel vollständig
verschwunden war, nachdem die Grafen die Träger des

neuen Adels geworden waren, bildete sich aus den Besitzern
geringerer Lehen, welche Grafen, Bischöfe oder Äbte zu ver-
geben hatten, ein sich neu erhebender zweiter Dienstadel,
— der Ritterstand. Seine Glieder nahmen Anteil an der
Wahl dieser geistlichen Fürsten und stellten im Kriege die
schwer bewaffneten Reiter, welche nun den Hauptteil der
Heere ausmachten. Sie rekrutierten sich aber später auch
aus den waffengeübten Hörigen, den Ministerialen, welche
damit den stets mehr zusammenschwindenden Stand der
Gemeinfreien übersprangen und sich über diesen erhoben.
Sie zahlten keinen Zins, sondern leisteten lediglich Kriegs-
und Hofdienste.

Der Ritterstand umfasste sonach drei Klassen: die Grafen,
die freien Herren oder Ritter im engeren Sinne und die
Ministerialen.

Das Feudalwesen Deutschlands unterschied sich von
demjenigen anderer Länder darin, dass es durchaus mit dem
Kriegswesen zusammenfiel. Ein Lehen galt nur dann als
rechtes, wenn es ausser dem Eigengut noch Mannschaft zum
Gegenstand hatte, ein Ritterlehen war. «Nur ein Mann von
Rittersart», sagt der Rechtshistoriker Schröder, «der mit ritterlicher Abstammung ritterliches Lehen verband, war voll-
kommen an Lehensrecht», und so fiel in der Folge der
Stand der Edeln mit dem der ritterbürtigen Freien zusammen.
«Die unfreien Ritter aus dem Stande der Dienstmannen oder
Ministerialen konnten bis um die Mitte des 12. Jahrhunderts
nur Dienstlehen von ihren Herren, nicht aber rechte Lehen
von dritten empfangen. Erst der in der Zeit Friedrichs I.
(Barbarossa) beginnende massenhafte Übertritt von Edeln in
die Ministerialität hat den Stand gehoben; da die Überge-
tretenen ihre bisherigen Lehen und überhaupt ihre Lehensfähigkeit behielten, konnte man auch den geborenen Dienstmannen die Anerkennung ihrer Lehensfähigkeit nicht mehr
versagen.» Wie aus den freien Rittern der hohe, so ging
aus den ursprünglich unfreien Ministerialen der niedere Adel
hervor, und zwar erhoben sich unter denselben zuerst die königlichen, dann die fürstlichen Dienstmannen und zuletzt die
übrigen freien Herren in den Ritterstand. «Unbedingt lehens-

unfähig waren Ge-ächtete; Personen, welche den Heer-schild nicht be-sassen, wie Bürger, Bauern, Geistliche, Frauen» u.s.w. konn-ten nur Lehen, die vom Reichskriegs-dienste frei waren, empfangen. Die geistlichen Fürsten aber galten als un-bedingt lehensfähig, sogar die Reichs-äbtinnen.

Lehenssiegel einer Dame.
Nach: La Chevalerie et les croisades, Paris.

Auf diese Weise hat sich der Ritterstand entwickelt. Um aber ein Rittertum, als kulturgeschichtliche Erscheinung, in's Leben zu rufen, musste sich dieser Stand mit gewissen Zügen einer eigenartigen Kultur umgeben und verbinden. Dies geschah im elften Jahrhundert mittels der in Frankreich auftauchenden feinern Sitte, und zwar merkwürdiger Weise im wildesten Fehdegetümmel. In Frankreich wie in Italien waren die Reste römischer Kultur niemals völlig untergegangen, während sie in Deutschland, das ja nur zum kleinsten Teile einst römisch gewesen, nur im Westen und Süden, von denen letzteres gilt, erhalten sein konnten. Nun war damals der Adel nirgends so zügellos und nirgends so sehr einem machtlosen Könige über den Kopf gewachsen wie in Frankreich. Wie im ganzen Abendlande, aber in stärkerm Masse als anderswo, wütete dort das Faustrecht und massen sich die Herren unaufhörlich in blutigen Fehden. Je ärger aber dieses Übel wurde, desto mehr breitete sich eine allgemeine Sehnsucht nach Frieden aus. Auf Anregung der Geistlichkeit wurde 1041 in Frankreich ein «Gottesfriede» (Treuga Dei) verkündet, welcher die Fehden auf gewisse Tage der Woche beschränkte. Dieser Vorgang fand auch in Burgund Nachahmung, weniger in Deutschland (nur im Westen), keine in Italien. Die Folge davon war, dass in Frankreich und Burgund ein gesitteteres Leben unter dem Ritterstande Platz griff. Angeblich soll damals ein Ritter Geoffroy de Pruilly (welcher 1066 in einer Fehde fiel) gewisse Regeln des Kampfes aufgestellt haben, aus denen sich das Turnier entwickelte. Solche feinere Sitte, mit ihr aber auch einen gewissen Grad von Überfeinerung und Verweichlichung,

brachte die junge Gattin des deutschen Königs, späteren Kaisers
H e i n r i c h III., Agnes von Poitou, bei Anlass ihrer Ver-
mählung (1043) mit ihrer romanischen Umgebung an den
deutschen Hof, und Heinrich fand Gefalllen an diesen Ein-
wirkungen, mit denen der jahrhundertelange Einfluss Frankreichs auf die deutsche Kultur seinen Anfang nahm. Der
Gottesfriede zwar dauerte weder lange, noch fand er bedeutenden Anklang; aber die feinere Rittersitte ist ein so bedeu-
tendes Kulturelement geworden, dass sie einer Periode von
etwa 200 Jahren ihren Stempel aufdrückte.

Den Schauplatz der Kultur des Rittertums bildeten vor
allem Frankreich und Deutschland, dessen damals noch sla-
wischen Nordosten ausgenommen; von da verzweigte es sich
vorzüglich nach England. In Spanien erhielt es, wie alle
mittelalterlichen Erscheinungen, infolge der dortigen abge-
sonderten Kämpfe gegen den Islam, seinen besonderen
Charakter. In Italien hatten überhaupt nur die Städte eine
Bedeutung, und mit diesen vertrug sich ein Rittertum, dessen
Lebenselement freistehende Burgen waren, nicht sehr. Nur
geringe Andeutung von Ritterwesen findet sich in den skandinavischen Ländern, wo das altgermanische Berserkertum
seine Stelle vertrat; zu fehlen scheint es beinahe in Polen und
Ungarn. Dem Gebiete der morgenländischen Kirche, dem
byzantischen Reiche und Russland, gebrach es mit einem
Feudalwesen und einem Adel auch an allen übrigen Bedingungen der Ritterlichkeit. Züge solcher finden sich wohl
bei den Mohammedanern des Mittelalters; aber ausser dem
Adel gehörte auch die christliche Idee zum Rittertum, das
daher dort nicht aufkommen konnte. So fällt das Gebiet des
Rittertums durchweg mit demjenigen des Feudalwesens zusammen, und unsere Nachrichten über diese kulturgeschichtliche Erscheinung beschränken sich beinahe ganz auf Frankreich, Burgund, Süd- und Westdeutschland und England.

Zweiter Abschnitt.

Die Ritterburgen.

1. Anlage der Burgen.

Eines der sprechendsten Wahrzeichen des Rittertums sind dessen Wohnsitze, die Burgen. In älteren Zeiten hatte der Adel auf Höfen gehaust, die nach und nach zu Dörfern anwuchsen. Als er sich aber durch den Dienst am Königs-hofe bereicherte, baute er Burgen, um sich sowohl gegen innere Feinde, als gegen Einfälle der Normannen, Magyaren und Slawen (in Frankreich auch der spanischen Araber) zu schützen (der Name «Burg» kommt von «bergen»). Schon seit dem Ende des 9. Jahrhanderts, noch mehr aber im 10., überdeckte sich ganz Deutschland mit Burgen; zu ihnen ge-hörten auch die Pfalzen des Königs, die im ganzen Reiche zerstreut lagen, teils allein stehend, teils in Städten. Auch die Herzoge besassen zahlreiche Burgen. In der genannten Zeit waren dieselben jedoch noch sehr einfach; sie bestanden meist nur aus einem Turm mit ummauertem Hofe und umgebendem Graben, um welchen herum die Wohnungen der Burgleute standen, welche wieder von Wall, Graben und Pfahlwerk geschützt waren. In bergigen Gegenden baute man die Burgen mit Vorliebe auf Höhen und Felsen.

Burg älterer Zeit.
Nach: Abécédaire d'archéologie, Architecture militaire, p. 393.

Unter ihren Zubehörden befanden sich ein Brunnen oder
eine Cisterne, ein Verliess und eine Kapelle, — Zeichen der
Fehdelust und des frommen Glaubens, in welche Extreme
sich jene merkwürdige Zeit teilte. Zugleich mit den Burgen
entstanden die befestigten Städte, die eigentlich nur Burgen
im grossen waren.

Weit umfangreicher wurden die Burgen in der Blütezeit
des Rittertums, seit dem 11., besonders aber im 12. und 13.
Jahrhundert. *)

Wildenstein an der Donau.

Dies gilt natürlich vor allem von den fürstlichen Burgen
und von denjenigen reicherer Ritter. Eine Burg sollten
überhaupt nur solche besitzen, welche 30 Pfund jährlich einzunehmen hatten. (Ein Pfund war ursprünglich ein Pfund
Silber, also etwa 80 Mark an Wert, ging aber immer mehr
herunter und war am Ende des 12. Jahrhunderts bereits auf

---

*) Wir folgen hier vorzüglich dem trefflichen Werke von Alwin
Schultz, «Das höfische Leben zur Zeit der Minnesinger», Leipzig 1879,
Band I.

Mauerturm v. Provins (12. Jahrh.).

Schlossturm von Fougères (12. Jahrh.).

Schlossturm von Loches (12. Jahrh.).

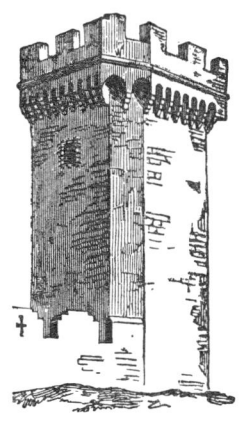

Turm von Beaucaire (13. Jahrhundert).

wenig mehr als die Hälfte gesunken, nämlich auf 48 Mark
heutigen Geldes, wofür aber etwa 300 mal so viel zu kaufen
war als heute.) Weniger reiche oder gar heruntergekommene
Ritter hatten daher auch in der spätern Zeit ebenso einfache
Burgen wie die der früheren Periode.

Der Zweck der Burgen war nicht nur der Schutz gegen
Feinde, sondern auch der, den Familien der Ritter Wohnung
zu gewähren. Sie hatten daher einen hervorragenden moralischen Charakter; sie waren das Sinnbild der Zusammen-
gehörigkeit des Geschlechtes, sie bildeten den heiligen Herd
des Hauswesens und gaben also dem Rittertum jene höhere

Der Hohentwiel.

Weihe, die es in Verbindung mit der Lust an der Dichtung
und Kunst zu einem bedeutenden Kulturmomente erhoben
hat.

Die wichtigste Eigenschaft der Burgen an sich war
Festigkeit, womöglich Uneinnehmbarkeit. Sie waren mit
Vorliebe auf Felsspitzen und Felsenkegeln so angebracht,
dass sie mit diesen verwachsen und unersteigbar erschienen,
so z. B. die Wartburg in Thüringen, der Kynast im Riesen-
gebirge, der Hohentwiel im Hegau, Wildenstein an der
Donau, Fleckenstein im Elsass u. a. m.

Telegraphenturm zu Narbonne (14. Jahrh.). Altes Schloss von Angoulême (13. Jahrh.).

Schloss Courcy im alten Zustande.
Nach einer Miniatur des 13. Jahrhunderts.

Erbaut wurden diese Felsennester von Steinmetzmeistern und ihren Arbeitern, während der Burgherr in einer benachbarten Stadt das Baumaterial kaufte. Wie sehr die Eifersucht auf die Festigkeit der Burg bei diesem eine Hauptrolle spielte, zeigen Sagen und sogar Thatsachen, laut welchen der Baumeister nach Vollendung des Werkes beseitigt wurde, um nicht das Geheimnis des Baues Feinden verraten zu können. Die Vorbilder der Burgen wurden dem römischen Altertum entnommen.

Eine einheitliche Bauart der Burgen konnte es indessen nicht geben; diese hing gänzlich von der Beschaffenheit

Schwalbach.

des Bodens ab, auf dem gebaut wurde, und bei der Wahl des letzteren kam es auf strategische Rücksichten an. Bevorzugt waren daher Plätze, die, wenn keine unersteiglichen Kuppen zur Verfügung standen, Wasser oder Sumpf auf den meisten oder auf allen Seiten hatten (Wasserburgen).

Ausser dem Platze der Burg selbst gehörte auch der Weg zu dieser zu den Erfordernissen der Festigkeit. Er wurde gern so eng bemessen, dass nur ein Reiter darin Raum hatte und, wenn möglich, die rechte, schildlose Seite der Burg

Turm Philipps des Schönen in Villeneuve bei Avignon.

Befestigte Brücke von Valentré zu Cahors (1308).

zuwenden musste. Wenn es anging, schützte man den Weg
noch überdies durch Vorwerke, die nicht zu umgehen
und mit besonderen Thoren und Türmen versehen waren
Fehlten Wasser und Felsen, so musste die Kunst das ganze
Befestigungswerk besorgen, d. h. Mauern, Gräben und Ver-
haue schaffen, wozu oft noch verborgene Fallgruben kamen.

Die Ringmauern waren oft mehrere an der Zahl und
aus möglichst grossen Steinblöcken errichtet, auch möglichst
hoch und dick, so dass in Friedenszeiten die lustwandelnden
Burgbewohner, im Zustande des Kampfes aber die Verteidiger
der Burg hinlänglich Raum darauf hatten. Geschützt war
die Plattform (die Oberfläche der Mauer) durch Zinnen und
im Falle der Belagerung noch überdies durch Schutzdächer.

Schlossmauer von Courcy.
Nach Caumont, Abécédaire I. 1. p. 438.

Von Strecke zu Strecke waren die Mauern durch Türme
unterbrochen, welche über sie vorsprangen und deren Zahl
sich nach der Grösse der Burg und der Zahl der Mauern richtete.
Es gab Burgen mit 30 und mehr Türmen. Ihre Höhe betrug
in der Regel das Doppelte derjenigen der Mauern, und sie
waren darauf eingerichtet, auch dann noch verteidigt zu
werden, wenn die Mauern bereits gefallen waren. Ursprünglich waren sie nach römischer Art viereckig; aber mit der
Zeit wurde die runde Form überwiegend, weil sie den Mauer-
brechern bessern Widerstand leistete.

Die Thore wurden so viel als möglich in der Zahl beschränkt; kleinere Burgen hatten nur ein Thor. Sie waren
bald in Türmen, bald zwischen solchen angebracht und nur

Typen von Burgthoren und Burgtürmen.

durch Zugbrücken über den Graben zugänglich. Einlassbe-
gehrende meldeten sich durch ein Horn oder durch Anschlagen
an eine neben dem Thore hängende Holz- oder Blechtafel.

Die Zugbrücken wurden mit Ketten oder Stricken auf-
gezogen und niedergelassen. Hinter dem Thore befand sich
noch ein Fallgittter aus Eisenstangen oder Balken, oft ein
solches auch noch am Ausgange der Thorhalle, so dass Ein-
dringende zwischen beiden gefangen werden konnten.
Ausserdem gab es für Fälle der Not verborgene kleine Thore.

Äussere Seite des Thores St. Jean zu Provins.
Nach Gautier, chevalerie.

Grosse Burgen hatten mehrere Türme an demselben Zugange
mit verwickelter Verbindung unter sich, die das Eindringen
ungemein erschwerte, wie überhaupt alles darauf berechnet
war, eine Belagerung in die Länge zu ziehen.

Dazu diente besonders der Hauptturm der Burg, deutsch
Bergfrit, franz. Donjon genannt. Er überragte die ganze
Anlage, war auf die hartnäckigste Verteidigung eingerichtet
und wurde selbst dann noch zu halten gesucht, wenn alles
Übrige verloren war. Er wurde besonders hoch und stark
gebaut, und sein Eingang lag oft 20 bis 40 Fuss über dem

Burgthor und -Türme.

Schloss von Montargis.
Nach: Viollet-le-Duc Dictionaire d'architecture.

Boden, so dass er nur durch Leitern, bewegliche Treppen
oder von gleicher Höhe herführende Zugbrücken zugänglich
war. Ausser der viereckigen und runden Form hatte er oft
eine mehreckige und gemischte Anlage. Das untere Ge-
schoss, unterhalb der Thüre, war stets ohne Zugang von
aussen, nur im Innern durch Leitern oder Treppen zu erreichen und nur durch Luftlöcher erhellt, enthielt oft einen

Innere Ansicht des Thores St. Jean zu Provins.
Nach Gautier, chevalerie.

Brunnen, wurde auch als Wein- und Vorratskeller, als
Schatzkammer und als Gefängnis (Burgverliess) verwendet.
Die Verliesse waren entsetzliche Löcher, ohne Luft und
Licht. Der Gefangene wurde durch eine Öffnung von oben
an Stricken hinabgelassen und verkam in Unrat, umgeben
von Ungeziefer aller Art, während er nichts als grobes
Brot und Wasser erhielt. Doch wurden in diese Löcher
nur Verbrecher und Todfeinde gesteckt; für andere Gefangene
gab es anständigere Lokale, und zwar im oberen Stock-
werk der Bergfrits, aus dem doch nicht leicht zu entkommen
war, wozu in vielen Fällen noch Ketten beitrugen. In dem-

selben Turme wohnte in früherer Zeit, bei bescheideneren
Verhältnissen und im Falle der Belagerung auch später noch,
der Burgherr selbst; zu oberst aber hauste der Turm-
wächter, der die Umgebung überblickte und jeden sich
Nahenden und Ankommenden sofort durch Hornblasen, den
Sonnenaufgang aber durch Gesang ankündigte. Auch die
übrigen Türme hatten ihre Wächter und die Thore ihre
Pförtner.

Als seit dem 12. Jahrhundert die Burgen weitläufiger
wurden, enthielten sie ausser dem Bergfrit noch eine je nach

Turmwächter, Siegel von Rochester.
Nach Schultz, höf. Leben.

Vermögen kleinere oder grössere Anzahl weiterer Gebäude.
Diese konnten, wie übrigens schon der einzelne Turm, des
Wassers nicht entbehren. Entweder grub man Quellen oder
legte, wenn sich keine solche fanden, Cisternen für Regen-
wasser an.

Auch Teiche, Gärten, Wäldchen, sogar Plätze für ritterliche Übungen legte man im Umfange der Burg an oder
verband sie durch Mauern mit ihr. Eine hohe Linde oder
ein Baum, dessen Samen Kreuzfahrer aus dem Morgenlande

gebracht hatten, beschattete den Burghof. Ein «Zwinger» war oft, tiefer liegend, vom Burghofe getrennt, und es wurden darin Tiere gehalten, wie Hirsche, Rehe, Bären, manchmal sogar Löwen. Unter den Gebäuden lagen den Eingängen zunächst die der Wirtschaft dienenden nebst den Ställen.

---

2. Innere Einrichtung.

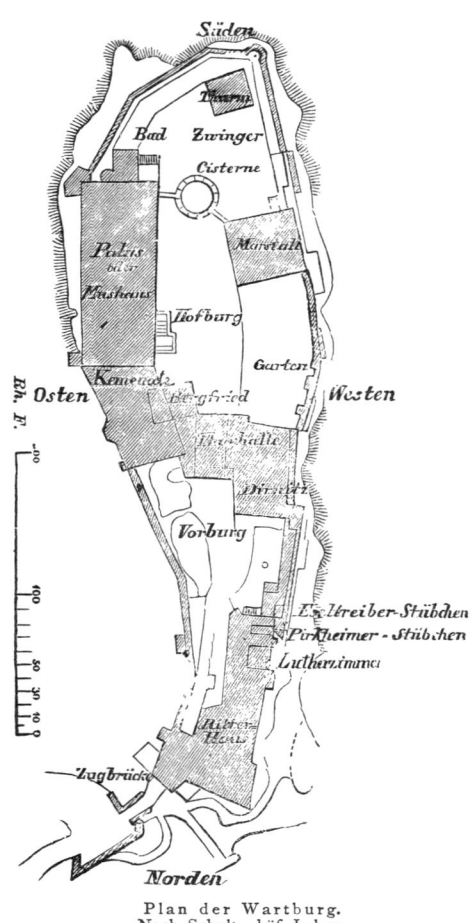

Plan der Wartburg.
Nach Schultz, höf. Leben.

Im Innern des Burgganzen erhoben sich die Wohnungen der Herrschaft, die man als «Palas» bezeichnete. Bei reichen Herren umfasste dieser mehrere Gebäude und enthielt einen Festsaal mit einer Vorhalle oder Laube, sowie weitere Säle, Zimmer, Kammern, Küche und meist auch eine Kapelle.

Der Palas war durch Freitreppen, oft doppelte, zugänglich. Die Treppen im Innern waren in Frankreich oft kunstvoll angelegt, in Deutschland einfacher. Der Rittersaal oder die Haupthalle des Palas wurde bei Reichen mit Marmorplatten oder Thonfliesen getäfelt; letztere waren häufig mit Figuren von

Tieren, Pflanzen, Wappen u. s. w. geschmückt, auch mit farbigem Kitt ausgelegt.

Die Beleuchtung der Säle richtete sich nach der Gefahr der Beschiessung; je grösser diese war, um so enger baute man die Fenster. Die Nischen derselben waren bei der bedeutenden Dicke der Mauern sehr tief, und man brachte Bänke darin an, die mit Kissen belegt wurden, so dass diese Räume kleine Kammern bildeten, die zu lauschigem Verweilen und Plaudern einluden.

Palas der Wartburg.
Nach Gautier, chevalerie.

Grössere Fenster bestanden aus mehreren, durch Säulchen getrennten Bogen nebeneinander. Der Verschluss der Fenster war sehr mangelhaft, da er nur aus Bretterläden, wohl auch aus Weidengeflecht oder Darmhäuten bestand. Erst gegen Ende des 12. Jahrhunderts wurden längere Glasfenster eingeführt, zuerst freilich nur die grünlichen Butzenscheiben.

Nachts beleuchtete man die Räume teils mit hängenden Kronleuchtern, teils mit stehenden Kerzenhaltern, teils mit in der Hand getragenen Fackeln. Zur Erwärmung bediente man sich der Kamine, welche diese Bestimmung nur in sehr mangelhafter Weise erfüllten, so dass damals allgemein

der Winter höchst unbeliebt und die Freude auf den Früh-
ling, wie auch die Lust an diesem für unsere Begriffe sehr
überschwänglich war.

Die Wände und Decken der Säle und Zimmer wurden
besonders in Frankreich mit Blumen oder Scenen aus der
Mythologie, der biblischen Geschichte, den Heldengedichten
und dem Ritterleben bemalt; wenn es sich aber um mehr
Prunk handelte, wurden sie mit den bunten Schildern des
Herrn und der Gäste, nebst anderen Waffen, und mit kostbaren Teppichen behängt, auf denen Gegenstände von derselben Art wie die Malereien gewirkt oder gestickt waren.

Fenstersitze.

Die kostbarsten waren von Seide
und mit Gold durchwebt. Sie
dienten jedoch nur bei Festlichkeiten und wurden nach diesen
wieder abgenommen. Bei solchen
Gelegenheiten breitete man auch
Teppiche auf den Fussboden und
war dabei so sorglos, Blumen
darauf zu streuen, welche, wenn
zertreten, diesem Schmucke übel
mitspielen mussten. Bei keinem
Feste unterblieb dieses Blumen-
streuen, und oft wiederholte man es,
ohne die zertretenen Blumen zu
entfernen.

Geschnitzte oder sonst kunstvoll bearbeitete Gefässe
schmückten die Gestelle und Gesimse. Tische (mit kreuz-
weise gestellten Stützen), Bänke und Stühle (auf die man
Kissen legte) wurden meist nur zum Zwecke der Mahlzeit
in den Saal gebracht und nachher wieder weggetragen.
Hohe Personen sassen bei Audienzen und Amtshandlungen
auf «Faltstühlen»; der Name wurde im franz. zu «fauteuil»
und blieb auch, als Lehnstühle an ihre Stelle getreten
waren, — im Deutschen machte man ihn missverständlich
zum «Feldstuhl».

Zum Ruhen bediente man sich der Ruhebetten, die
auch als Betten zur Schlafzeit verwendet wurden. Schlief

Das Landgrafenzimmer auf der Wartburg.
Nach Gautier, chevalerie.

Kapelle der Wartburg.
Nach Gautier, chevalerie.

man in denselben auch meist ohne alle Bekleidung, so fehlt es doch nicht an Bildern, welche den Gebrauch gestickter Nachthemden bezeugen. Vorhänge zierten die Betten häufig.

Gästen, die nicht selbst der vornehmsten Klasse angehörten, selbst Rittern, wurde gewöhnlich zu zweien ein gemeinschaftliches Bett angewiesen. Für Eheleute war dies selbstverständlich, sowohl zu Hause als auf Besuch. Die Schlafzimmer unterschied man nicht strenge von den Wohnzimmern; beide hiessen, wenn heizbar, nach dem Kamin «Kemenâten»; gleich den Sälen waren sie mit Malereien,

Faltstuhl.

Teppichen, Umhängen und Blumen geschmückt. Ausser den Betten, Bänken und Gestellen zum Aufhängen der Kleider fand man da Laden und Truhen zur Aufbewahrung von Wertsachen. Ein Crucifix fehlte nicht an der Wand. Die Damen sowohl als Mägde arbeiteten auch in ihren Kemenâten.

Ausser den Wohn- und Schlafzimmern gab es in den Burgen noch Speise-, Vorrats-, Bade-, Schatz- und Rüst-

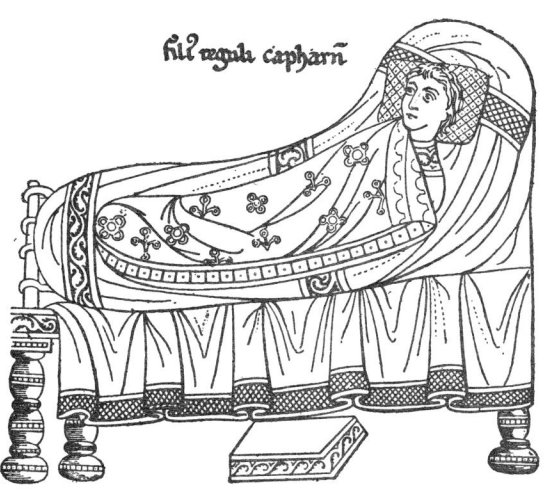

fili regali capharñ

Bett in der Ritterzeit. (13. Jahrhundert.)
Aus dem «Hortus deliciarum».

Bett in der Ritterzeit. (13. Jahrhundert.)
Nach Weiss, Costümgeschichte.

kammern. Eine Kapelle war als unentbehrlich betrachtet, und der Burgkaplan diente zugleich als Sekretär des Herrn und als Hauslehrer. Sie war bald im Palas, bald abgesondert; es gab auch doppelte, oft übereinander, für Herrschaft und

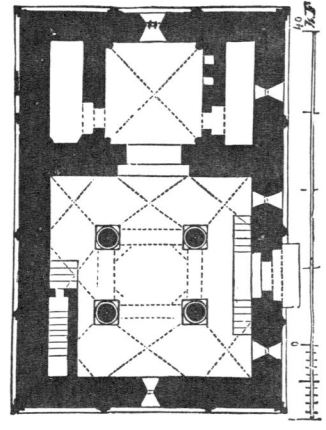 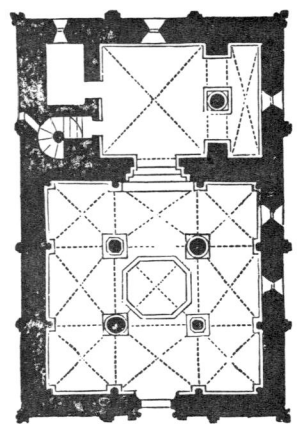

Doppelkapelle zu Eger.
Nach Schultz, höf. Leben.

Kamin.
Nach Viollet-le-Duc, Dict. III, p. 195.

Dienerschaft; die letztere war zugleich Grabkammer. Beide waren durch eine Öffnung im Zwischenboden verbunden. Gewisse andere Gemächer entbehrten durchaus der Rücksicht auf Bequemlichkeit, Reinlichkeit und Gesundheit, deren sie doch so sehr bedürfen.

In Schlössern hoher Personen gab es eigentümliche Kunstwerke, welche von der Mechanik jener Zeit ein hohes Zeugnis ablegen, nämlich eine Art Automaten in Gestalt von Menschen, Tieren, Bäumen

u. s. w. aus Gold, Silber und Edelsteinen, welche Musik
machten; namentlich ist nicht selten die Rede von künst-
lichen Vögeln auf Bäumen, welche sangen. Dies kommt zwar
nur in damaligen Gedichten vor; aber diese hielten sich
stets an die wirklichen Verhältnisse ihrer Zeit.

Die Dächer der Burggebäude waren mit Ziegeln,
Schiefern oder Blei gedeckt, Mauern und Zinnen oft aus
verschiedenfarbigen Steinen zusammengesetzt oder bunt bemalt.

Um manche Schlösser und Burgen sammelten sich
Städte an, deren Gewerbe viel zur Bequemlichkeit der Burgbewohner beitrugen. Gab es Krieg, so flohen die Bürger
in das Schloss (die Citadelle), und die Stadt musste den
ersten Angriff erdulden. In der Folge haben sich die
Städte unabhängig gemacht und sind selbst Festungen geworden, die der Burg nicht immer bedurften.

Schatztruhe.
Nach Wright, History.

3. Dienerschaft, Gäste und Unterthanen.

In den Burgen der Personen fürstlichen Ranges gab es eine höhere Dienerschaft aus ritterbürtigen Leuten und eine niedere aus Unfreien; letztere war in den Burgen nicht fürstlicher Herren allein vertreten. Jene höhere Dienerschaft, die der Ministerialen, hatte dieselben Titel und Verrichtungen vom Königshofe bis zu der Burg eines Grafen herab, wie auch bei den geistlichen Herren. Die Angelegenheiten der Küche leitete der Truchsess (dapifer), die des Kellers der Schenk (pincerna), die der Zimmer und Geräte und des Schatzes der Kämmerer und die der Ställe und Pferde der Marschalk, — lauter frühere einfache Diener, nun aber hohe Beamte, die an den Höfen noch Unterbeamte hatten und denen auch die Leitung der Edelknaben (Pagen) anvertraut war. Unter dem Truchsessen insbesondere standen die Köche und Küchenjungen, unter dem Schenken die Keller-

Kaufmann und Dame.
Nach der «Kulturgeschichte» des Verfassers.

meister und Kellerdiener, unter dem Kämmerer die Haushofmeister und Hausdiener, unter dem Marschalk die Stallmeister und Stallknechte. Ein minder vornehmer Ritter hatte die niedere Dienerschaft selbst zu beaufsichtigen; die Mägde aber standen stets unter der Leitung der Hausfrau oder ihrer Vertreterin. Ihren Lohn erhielt die Dienerschaft vorzugsweise in Leinwand, Kleidern, Schuhen u. s. w., nur teilweise in Geld.

Leibeigene dienten natürlich aus Pflicht und daher umsonst.
(Gechenke freigebiger Herrschaften waren nicht ausgeschlossen.)
Eine drollige Beigabe der Dienerschaft (wohl nur auf vornehmen
Burgen) waren die Narren und Zwerge, deren Frechheiten
bald geduldet, sogar belacht, bald derb gezüchtigt wurden.

Spielleute.
Nach Weiss, Costümgeschichte.

Zu den Leuten niederen Standes, welche die Burgen
besuchten, gehörten besonders die Kaufleute, die mit
allem möglichen handelten; denn auf den entlegenen Burgen
hatte man keine Kaufläden in der Nähe.

Sie reisten in Karawanen und bewaffnet, da vor Raubrittern und anderen Räubern keine Sicherheit war. Gegen
das Geleit, das die Landesherren ihnen gewährten, mussten
sie reichlich Zoll zahlen. Es waren indessen wohl meist
kleinere Händler und Krämer, welche auf abgelegene
Burgen hausieren gingen.

Tierbändiger.
Nach Schultz, höf. Leben.

Gaukler.
Nach Schultz, höf. Leben.

Auch die «fahrenden Leute» besuchten die Burgen
oft und wurden gern gesehen, wenn sie die Herrschaft und
ihre Gäste als Erzähler, Sänger, Musikanten (Spielleute),
Tänzer, Marionettenspieler und Gaukler belustigten.

Unter den Gauklern finden wir Feueresser, Degenver-
schlinger, Seiltänzer, Taschenspieler, Tierbändiger, Kunstreiter,

Nachahmer von Tierstimmen u. s. w. Man erzählt sogar (1237) von einem Seiltänzer zu Pferde. Taschenspielen aber war gefährlich; es konnte leicht in den Verdacht der Hexerei bringen. Unter diesen Leuten waren beide Geschlechter vertreten. Man liess sie in den Saal kommen, um die Gesellschaft bei Tische zu ergötzen. Dafür erhielten sie sowohl Geld, als reichlich Speise und Trank. Es gab auch solche, die sich um Lohn nach dem Geschmacke der Zeit in starkem Trinken produzierten!

Aber auch ohne Unterhaltung zu erwarten, um reinen Gotteslohn, empfing man auf den Burgen allerlei Volk: einfache Reisende, Pilger und Bettler, die man gern beköstigte und beherbergte. Besonders während der Kreuzzüge waren die Pilger mit ihren Muscheln und Palmen willkommen, später die büssenden Wallfahrer, so betrügerisch auch und an Unfugen reich oft ihr Benehmen war. Bettler belagerten die Thore der Burgen, wie die der Kirchen und Klöster und waren oft nicht lahm, blind, verkrüppelt, aussätzig, sondern stellten sich nur so.

Es kam nicht selten vor, dass Ritter, um verliebter Abenteuer willen, als Hausierer, Gaukler oder Bettler verkleidet, Eingang in die Burgen fanden, die ihnen sonst verschlossen waren. Gegen Ritter mit ehrlichen Absichten aber, welche bei dem Mangel an Gasthäusern lieber die Burgen ihrer Standesgenossen aufsuchten, als die sonst viel in

Gaukler.
Nach Schultz, höf. Leben.

Anspruch genommenen Klöster, — wurde die weitherzigste
Gastfreundschaft geübt und ihnen nicht nur alles Nötige,
sondern auch Geschenke, besonders an Kleidern und Waffen,
mitgegeben. Um so eher konnten schlechte Ritter unter
der Maske der Freundschaft ihren Hass oder ihre Habsucht

Kunstreiter.
Nach Schultz, höf. Leben.

an dem Burgherrn bethätigen, wie dem närrischen, aber
gutmütigen Ulrich von Lichtenstein geschah, der von
zwei Raubrittern, die er bewirtete, in seiner eigenen Burg
überfallen und über ein Jahr lang gefangen gehalten wurde.

Kunstreiter.
Nach Schultz, höf. Leben.

Um die Burg herum wohnten die Unterthanen des
Herrn. Über freie Leute, die etwa dort wohnten, hatten
die Ritter keine Gewalt, über Hörige nur eine beschränkte,
über Eigene dagegen eine volle. In grösserer Menge gab

es Freie nur noch in den Alpenthälern, an den Meeresküsten und unter den Bürgern der Städte. Zu entrichten hatten sie bloss den Kirchenzehnten. Die Hörigen zerfielen wieder in Zinsbauern, welche dem Herrn, war er geistlich oder weltlich, einen Zins zahlten, sonst aber frei, jedoch stets in

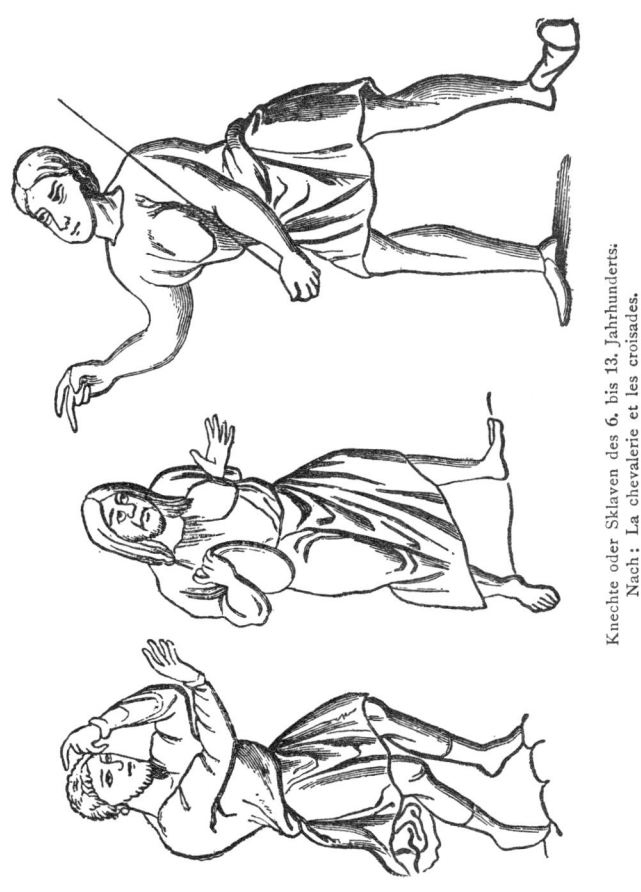

Knechte oder Sklaven des 6. bis 13. Jahrhunderts.
Nach: La chevalerie et les croisades.

Gefahr waren, ihrer Freiheit beraubt zu werden, und in Dienstmannen, d. h. diejenigen Ministerialen, welche nicht zum Ritterstand emporgestiegen waren (s. oben S. 42); sie zahlten keinen Zins, leisteten aber Kriegs- und Hofdienste.

Die Eigenen, erst seit 1289 «Leibeigene» genannt, zerfielen in die Liten und Kolonen, welche zu Abgaben und Frondiensten verpflichtet waren, aber eigene Haushaltung führten, und in die Knechte, die zu jedem Dienste verwendet werden konnten und vom Herrn verköstigt wurden. Die Liten und Kolonen konnten zu Zinsbauern, die Knechte zu Dienstmannen emporsteigen. Wie sie behandelt wurden, hing ganz von der Persönlichkeit des Herrn ab. Die Liten besassen eigenen Boden, der ihnen vom Herrn nicht willkürlich entzogen, aber auch von ihnen nicht verlassen werden durfte. Sie zahlten eine Kopf- und eine

Kolonen des 12. Jahrhunderts.
Nach Weiss, Costümgeschichte.

Erbsteuer, die auch bei den Hörigen vorkam und im besten Kleide (Gewandfall) und besten Stück Vieh (Besthaupt) des Erblassers bestand, — meist auch eine Heiratsteuer, welche infolge von Gewalthaten einzelner schlimmer Herren zu der Sage Anlass bot, dass im Mittelalter ein Recht des Herrn auf die erste Nacht mit den Bräuten seiner Leibeigenen (Ius primæ noctis) bestanden habe, das sich aber nicht nachweisen lässt, indem dessen Erwähnung in Urkunden durch die Thatsache, dass den Leibeigenen die Auslösung gegen einen geringen Betrag freistand, sich als einer der damals sehr gebräuchlichen derben Scherze kundgiebt.

Die Knechte hatten kein anderes Eigentum, als das, was ihnen die Gunst der Herren zuliess, und auch dies fiel bei ihrem Tode an den Herrn zurück. Alle 3 Klassen konnten in der Regel aber nur mit dem Grundstücke, auf dem sie hafteten, verschenkt, vertauscht oder verkauft werden. Auch durfte man sie züchtigen, nicht aber töten. Ihrem Stande gehörten sie entweder durch die Geburt von leibeigenen Eltern oder durch den S k l a v e n - h a n d e l an, welcher bis in das 11. Jahrhundert üblich war und durch eine Menge von Urkunden bezeugt ist, nach welchen ein Sklave durchschnittlich den Wert einer Hufe Landes galt. Den meisten Anlass zu diesem Handel boten die Kriege der nach Osten vordringenden Deutschen mit den S l a w e n , wobei Gefangene gemacht wurden, die nach ihrem Volksstamm den Namen «Slawen» erhielten, der bei allen west-

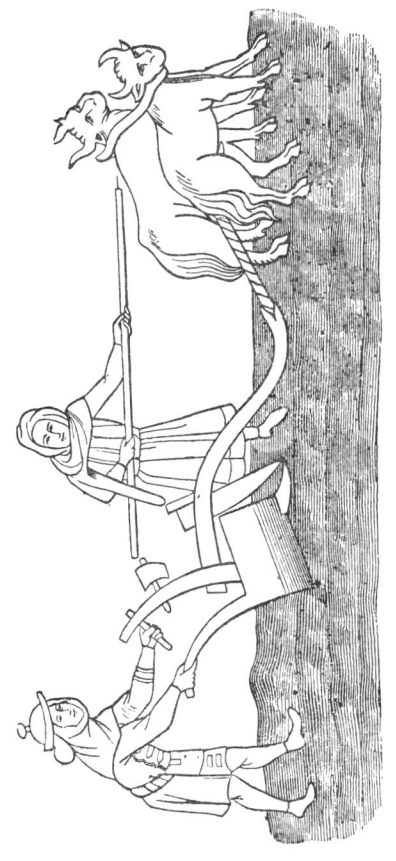

Kolonen aus dem 12. Jahrhundert.
Nach: La chevalerie et les croisades.

europäischen Völkern an die Stelle des lateinischen Ausdruckes «servus» trat. Dagegen waren alle Slawen, die sich dem Reiche willig unterwarfen, frei. Die Leibeigenen lieferten sowohl die niedere Dienerschaft und die ländlichen Arbeiter, als die Heere der fahrenden Leute und der Bettler,

— letztere wohl wenn sie entlaufen oder aus sonst einem
Grunde herrenlos waren. Die Hörigen und Eigenen, wie
ärmere Freie wohnten in Hütten von Holz oder Lehm.

Zwischen diesen Ständen, deren Anordnung übrigens
nach Zeit und Art mannigfachen Schwankungen unterworfen
war, galt als Regel, dass niemand einen Mann niederen
Ranges als Richter, Zeugen oder Eideshelfer anzunehmen
brauchte, auch niemand einen Höheren zum Kampfe fordern,
hingegen die Herausforderung eines solchen nicht ablehnen
durfte. Personen ungleichen Standes durften sich zwar ehe-
lichen, aber diese Verbindungen galten nicht als rechtmässig
und die Kinder gehörten stets dem Stande des geringern
Teiles an. Es war Sitte, alle tiefer Stehenden mit «Du»
anzureden, während man Höhere (auch die Kinder ihre
Eltern) «Ihr» nannte.

R e c h t l o s waren die Unehelichen und die Verbrecher,
sowie solche Fremde, deren Landesangehörigkeit nicht bekannt war; diese konnten nach Jahr und Tag eingefangen
und zu Eigenen des Königs gemacht werden.

Dritter Abschnitt.

Das Leben der Ritter.

1. Geburt, Taufe, Erziehung.

Für einen Burgherrn und seine Familie war von höchster Wichtigkeit die Erwartung und Erlangung von Nachkommenschaft, namentlich aber der ersten, und zwar dieser in höherem Grade, wenn es ein Sohn, als wenn es eine Tochter war. Starb ein Ritter kinderlos, so war die Witwe von Seiten seiner Verwandten vielen Unannehmlichkeiten ausgesetzt, und zwar sowohl wenn sie sich Mutter fühlte, als wenn dies nicht der Fall war. Die Geburt eines Kindes, dessen Vater lebte, war dagegen eine grosse Freude, be-

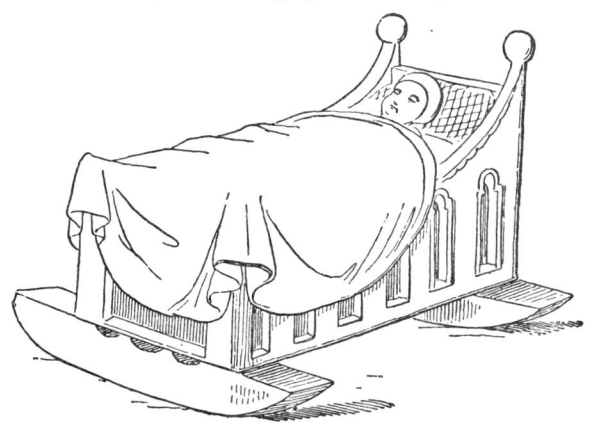

Wiege.
Nach: Violet-le-Duc, Dict. I. p. 38.

sonders aber die eines Sohnes, und wurde je nach der Rangklasse der Eltern festlich gefeiert. Dieses Ereignis war jedoch bei den damaligen geringen ärztlichen Kenntnissen stets mit grosser Gefahr verbunden. Es gab zwar Hebammen, die aber wenig verstanden. Ein irgendwie schwieriger Fall zog in der Regel den Tod der Mutter nach

sich, den man durch Heiligenbilder und Reliquien vermeiden
zu können glaubte. Die Frauen waren indessen kräftiger
als heutzutage und gebaren oft auf Reisen, worauf sie ihren
Weg rüstig fortsetzten. Nach 40 Tagen hielten sie mit
feierlichen Gebräuchen ihren ersten Kirchgang ab. Oft fiel
dieser mit der Taufe zusammen, mit der man sich nicht

Wiege. (Nach: Gay, Glossaire I. p. 145.)

immer besonders beeilte. Sie wurde durch völliges Unter-
tauchen des nackten Kindes vollzogen. Beiläufig gesagt,
geschah dies auch, wenn Erwachsene (Juden oder Moslimen)
sich taufen liessen. Je vornehmer die Eltern, desto zahlreicher waren die Paten. Es scheint verhältnismässig selten
gewesen zu sein, dass Mütter ihre Kinder selbst nährten.
Reiche Eltern hielten Ammen; ärmere bedienten sich der

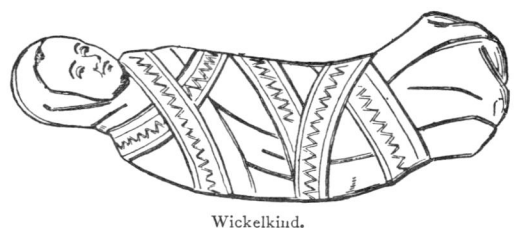

Wickelkind.

Kuhmilch, die man dem Kinde durch Saugflaschen aus Horn
eingab. Den Gebrauch, dass die Amme dem Stande der
Eltern möglichst nahe war, erläutert ein natürlich nicht
wörtlich zu nehmendes Dichterwort, dass dies Amt früher

bei Königinnen von Herzoginnen, bei diesen von Gräfinnen u. s. w. bekleidet worden sei, während nun (d. h. im 12. Jahrhundert) Dienerinnen und Schäferinnen das adelige Blut verderben. Die Amme wartete das Kind bis zum Ende des zweiten Lebensjahres. In der Folge wuchsen die Kinder, wenn auch unter dem Schutze der Frauen, ziemlich wild auf, durften auch am elterlichen Tische nicht erscheinen,

Taufe.
Nach: Gautier, chevalerie.

und man klagte oft über ihre Unarten. Die Mädchen spielten mit Puppen und Kochgeschirr, die Knaben oft mit Gliederpuppen, Steckenpferden, Blaserohren, Kugeln, Bällen, bewegten sich in Feld und Wald, badeten in Flüssen u. s. w. Mit dem siebenten Jahre begann erst die Erziehung. Den Charakter derselben bezeichnet im ganzen der Ausdruck

der «höfischen Sitte» oder, wie es damals hiess, der
«hoveschheit». Es war dies eine Übersetzung des französ.
Wortes «courtoisie», von welcher noch heute «höflich» ab-
stammt und «hübsch» eine Zusammenziehung ist, und hängt
mit der Thatsache zusammen, dass (wie oben S. 20 gezeigt)
der feinere Ton aus Frankreich kam und an den Höfen seinen
Ausdruck fand. Den Gegensatz zum höfischen Wesen

Ammen.
Nach Schultz, höf. Leben.

bildete das ländliche, gewöhnliche, dessen Äusserung franz.
villenie, deutsch Dörperie hiess. Einen, der sich dies unfeine
Benehmen zur Regel machte, nannte man franz. villain,
deutsch Dörper. Auch bezeichnete man das höfische Verhalten schlechtweg als «Zucht» uud sein Gegenteil (ohne
unanständige Bedeutung) als «Unzucht». Was daher im 12.
und 13. Jahrhundert fein sein sollte, musste dem französischen

Wesen angepasst sein, das an den Höfen seine Vorbilder hatte. Damit war natürlich die Ansicht verbunden, dass nur im Adel, der an den Höfen allein Zutritt hatte, edles und feines Benehmen und ritterliche Tugend ruhe, welchen Vorzügen allerdings auch ein idealer Zug, die Lust an Musik und Dichtung und das Verständnis dieser Kunstgattungen sich beigesellte.

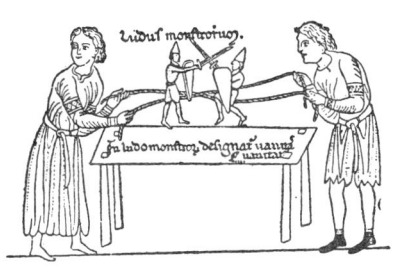

Spielende Knaben.
Nach Gautier, chevalerie.

Die Erlernung der französischen Sprache war daher der Hauptteil der geistigen Erziehung und ging sogar dem Lesen und Schreiben vor, so dass manche deutsche Ritter französisch redeten, ohne den schriftlichen Ausdruck ihrer Muttersprache zu kennen. Man überredete sich, so verlangte es die Mode, dass allein in Frankreich, wie die Franzosen behaupteten, Tapferkeit, Ehre, Höflichkeit und Freigebigkeit zu finden seien. Dagegen klagt (um 1300) Hugo von Trimberg: «Manger hin ze Paris vert, der wenik lernet nnd viel verzert». Doch kam es auch umgekehrt vor, dass französische Ritter nach Deutschland (Köln) kamen, um deutsch zu lernen. Manche eigneten sich indessen auch

Spielende Knaben. Nach: Strutt, Taf. 33.

Lateinisch und byzantinisches Griechisch an. Deutsch lesen und schreiben lernten Damen öfter als Herren. Diese Kenntnisse erwarben Kinder höher stehender Eltern durch «Hofmeister», welche die Knaben, und «Meisterinnen», welche die Mädchen unterrichteten, nicht selten aber in Liebes-

händeln ihnen behilflich waren. Es scheint, dass der Re-
ligionsunterricht blos die kirchlichen Gebräuche betraf und
dass nur Fürstensöhne in Geschichte und Länderkunde oder
gar in den «7 freien Künsten» Unterricht erhielten. Die
Zucht der Hofmeister war streng und ging nicht leicht ohne
Schläge von statten, welches drastische Mittel auch Eltern
bei selbst erwachsenen, aber noch in ihrer Burg lebenden
unbotmässigen Söhnen und Töchtern anwandten.

Neben diesen Bruchstücken geistiger Erziehung war die
Erlernung des Waffenhandwerks die Hauptsache.
Dazu gehörte Reiten, Laufen, Springen, Klettern, Ringen,
Steinwerfen, Fechten. Für letzteres gab es besondere
Fechtmeister, und man nannte es «schirmen» (davon das
franz. escrime); zu Pferde fechten, die Vorschule der
Turniere und des Krieges, war die Spitze der Waffenkunst.
In Frankreich gehörte zu dieser Vorübung die «Quintaine»
d. h. das Rennen zu Pferde mit der Lanze gegen einen an
einem Pfahle befestigten gepanzerten Strohmann. Eine
höhere Übung war der «Buhurt» das Kämpfen ohne ernsten
Charakter gegen lebende Ritter., Seltener übten sich die
Zöglinge des Rittertums in dem gefährlichen Messerwerfen.
Auch wurden sie auf die Jagd mitgenommen, um auch diesen ritterlichen Sport zu erlernen. Erwiesen sich die Jungen
in diesen Übungen nicht als tüchtig, so wurden sie der
weiteren ritterlichen Laufbahn entzogen und meist zu Geistlichen bestimmt. War aber das Gegenteil der Fall, so
wurde mit dem Alter von 12 Jahren der Ritterssohn an
einem Fürstenhof gesandt, und hier gewann seine Ausbildung
einen methodischen Charakter. Er hiess nun ein Knappe
oder Junkherr (mit franz. Ausdrücken: garzûn, betschelier, in
Frankreich selbst aber: page, varlet oder damoiseau) und
stand unter der besonderen Leitung und Aufsicht eines er-
fahrenen Ritters. Neben eifriger Fortsetzung der Waffen-
übungen wurde er auch als Bote verwendet und hatte Briefe
zu überbringen, die er oft in einer Kapsel am Halse oder
Gürtel trug. An einem Abzeichen seines Herrn kenntlich
und mit Lebensmitteln in Tasche und Flasche versehen, reiste
er meist zu Fuss, nur in dringenden Fällen und auf weite

Entfernungen zu Pferde, und fand bei Freunden seines Herrn gastliche Aufnahme. Seine Person war unverletzlich, auch wenn er unangenehme und sebst feindliche Botschaft brachte. Im entgegengesetzten Fall aber erhielt er vom Empfänger

Übung der Quintaine,

eine reiche Gabe an Geld, Kleidern, Waffen oder Schmuck. Ferner mussten die Knappen bei Tische aufwarten, die Gäste ihres Herrn bedienen, ihnen die Steigbügel halten, Kerzen vortragen, beim Auskleiden helfen' u. s. w. Sie begleiteten ihren Herrn bei allen Anlässen, besonders aber zum Turnier, riefen dort seinen Namen aus und trugen ihm die Ersatz-

waffen nach; sie zogen auch mit ihm in den Krieg, führten aber statt des Schwertes eine Keule. Stets mussten sie sich eines anständigen und höflichen Benehmens befleissen und alle sowohl Rittern als Damen gebührenden Rücksichten feiner Sitte beobachten.

Knappe als Bote.
Nach Schultz, höf. Leben.

2. Ritterweihe und Ritterpflichten.

Hatte sich ein Knappe wacker gehalten, wahrscheinlich auch ein gewisses Alter erreicht, so wurde er zum Ritter erhoben. Dies geschah bei Hochzeiten, Taufen und anderen Festen, vor und nach der Schlacht, und zwar meist an mehreren Knappen zugleich. In Frankreich, wo die Ritterweihe am feierlichsten war, nahm der Knappe vor allem ein warmes Bad und zog neue Kleider an, wachte dann in der Kirche eine Nacht durch stehend und wurde am Morgen als Ritter gerüstet (adoubé). Diesen Akt vollzog je nach Umständen in kirchlicher Weihe der Bischof, sonst der Fürst des Aufzunehmenden oder auch ein einfacher Ritter. Im ersten Falle übergab der Bischof dem Kandidaten das blosse Schwert mit den Worten: «Empfange dieses Schwert im Namen des Vaters, des Sohnes und des heiligen Geistes und bediene dich seiner zu deiner Verteidigung und zu derjenigen der heiligen Kirche Gottes und zum Schrecken der Feinde des Kreuzes Jesu Christi und des christlichen Glaubens und verletze damit niemanden ungerechter Weise.» Der neue Ritter erhob sich dann, zog sein Schwert, schwang es kräftig, versuchte es auf seinem linken Arm und steckte es wieder ein. Darauf gab ihm der Bischof den Friedenskuss, indem er sagte: «Friede sei mit dir!» dann schlug er ihm mit dem blossen Schwerte dreimal sachte auf die Schultern mit den Worten: «Sei ein friedfertiger, tapferer und treuer Krieger.» Danach legten ihm die dienstthuenden Ritter (oder Knappen) die Sporen an, während der Bischof sagte: «Du, der du an Schönheit die Menschenkinder übertriffst, umgürte dich mit deinem Schwerte, tapferer Ritter!»

Schwertleite.

Eine andere französische Ceremonie war folgende: Nachdem der Kandidat die Messe knieend angehört, indem er das Schwert am Halse hängend trug, das er noch nicht umgürten durfte, erhielt er nacheinander von hohen Herren und Damen den Kettenpanzer, den Halsberg, die Handschuhe, das Schwert und die goldenen Sporen. Der ordinierende Ritter schlug ihm dreimal mit der flachen Klinge auf die Schulter oder den Nacken und sprach: »Im Namen Gottes, des heiligen Georg und des heiligen Michael mache ich dich zum Ritter. Sei tapfer, mutig und treu.« Er liess ihn schwören, seine Waffen dem Schutze der Schwachen und Bedrückten zu widmen, und umarmte ihn darauf als Zeichen der Brüderlichkeit. Man brachte dem Neuaufgenommenen den Helm, den

Schild und den Speer, führte ihm sein Rennpferd vor, und er konnte von nun an das rühmliche Leben beginnen, nach dem er so lange Jahre getrachtet hatte.

In Deutschland war die Hauptsache die Umgürtung mit dem Schwerte (Schwertleite), welche der bisherige Herr des Knappen vornahm, worauf er ihm Schild und Speer überreichte; ein Turnier folgte nach. Der Ritterschlag fand jedoch später auch hier Aufnahme. Ursprünglich sollte er lediglich dem Knappen die bei dieser Feier erhaltenen Lehren einschärfen, — ähnlich wie ehemals bei dem Setzen von Grenzsteinen anwesende Knaben geohrfeigt wurden, nm sich daran zu

Ritterliche Bekleidung.
Nach Gautier, chevalerie.

erinnern und einst als Männer von diesem Akte Zeugnis ablegen zu können. Beim Ritterschlage wurde nach einer Angabe gesprochen:

> Zuo Gottes ünde Marien Er,
> diesen slac unde keinen mer!
> Wis, küene, biderbe und gerecht,
> bezzer riter, denne Knecht!

Die dem neuen deutshen Ritter gegebenen Lehren waren: »Sei hochgemut im Unglück, beständig gegen deine Verwandten, freigebig gegen Alle, tadellos im höfischen Geiste und ehrenfest in männlichen Tugenden. Höre täglich die Messe, setze dein Leben ein für den christlichen Glauben.

erlöse die Kirche von ihren Drängern, beschütze Witwen und Waisen, nimm an keinem ungerechten Streite teil, leiste keine unbilligen Dienste, fechte für jeden Unschuldigen, wenn es not thut, den Zweikampf aus. Gehorche dem römischen Kaiser (König), achte das Reich, erwirb kein ungerechtes Gut und lebe überhaupt vor Gott und Menschen unsträflich. Der

Ritterschlag.

Knappe gelobte feierlich, diese Ritterpflichten zu erfullen und hatte nach Schluss der Feier das Recht, sich «Herr» zu nennen, goldene Sporen, den Rittergürtel und einen Scharlach- mantel zu tragen.

Der Zutritt zum Rittertum stand jedem Freien offen, dessen Vater nicht ein Geistlicher oder Bauer war; wenn aber solche Söhne dennoch Ritter geworden, sollten sie nach

einem Gesetze Kaiser Friedrichs I. von 1187 aus dem Ritterstande ausgestossen werden. Trotzdem soll derselbe Kaiser
Bauern, die sich tapfer geschlagen hatten, auf dem Schlachtfelde zu Rittern geschlagen haben. Philipp der Schöne, König
von Frankreich, ging noch weiter, als er, nach dem Untergange seiner Ritterschaft durch die Flamänder festsetzte, dass
zum Ersatze von zwei Söhnen eines Bauers der ältere und
von dreien zwei zu Rittern gemacht werden sollten. Ja,
Heinrich III. von England zwang sogar 1256 jeden, der ein
gewisses Besitztum sein eigen nannte, Ritter zu werden oder
sich durch Geld von dieser Ehre loszukaufen.

Die Ritter waren den Fürsten ebenbürtig; sie hatten
Zutritt zu ihren Tafeln und Anspruch auf die höchsten Ehren-
stellen. Die miteinander Aufgenommenen nannten sich Schild-
gefährten und blieben für das Leben Freunde. Nach dem
Orte des Ritterschlages unterschied man die Ritter als «die
Besten», wenn sie bei Kaiserkrönungen in Rom, als «Ritter
ohne Mühe,« wenn sie bei Königswahlen oder Reichstagen,
als «Gestrenge», wenn sie vor oder nach Schlachten, als
«Würdige» aber, wenn sie während eines Kreuzzuges geweiht
waren. Die Landesherren sollen die Gewohnheit gehabt
haben, die erste Bitte eines neu geweihten Ritters zu erfüllen.

Nachdem die geistlichen Ritterorden, von denen wir
weiterhin zu handeln haben werden, entstanden waren, doch
erst seit dem 13. Jahrhundert, bildete sich die Fiktion von
einem weltlichen Ritterorden, der zwar keine Organisation
besass, sich aber auch ohne solche als Ganzes fühlte und
gemeinsame Gesinnungen und Anschauungen, wie auch ein
gemeinsames Standesbewusstsein an den Tag legte. Die
Ritter fühlten sich zu gegenseitiger Hülfeleistung verpflichtet,
liebten den Abschluss besonderer Freundesbündnisse durch
Mischung des Blutes, gemeinsame Kommunion oder Tausch
der Waffen, sowie Annahme ähnlicher Wappen und Wahl-
sprüche, verbanden sich zu Unternehmungen, zu denen einer
nicht genügte, und diese Bündnisse gingen sogar den Pflichten
gegen die geliebten Damen vor. Selbst wenn sich Ritter
feindlich bekämpften, zollten sie einander alle möglichen Rücksichten. Sie hielten unverbrüchlich am gegebenen Worte

fest, und wer dieses brach, hatte keinen Anspruch auf Ritter-
ehre mehr.

Einzeln liebten sie die Ablegung feierlicher Gelübde, z. B.
berühmte Heiligtümer zu besuchen, in Kirchen oder Klöster
ihre Waffen oder die ihrer Feinde aufzuhängen, als erste
ihr Banner auf feindlichen Türmen und Festungen aufzupflanzen
und überhaupt sich an gewagten Unternehmungen zu beteiligen.
Diese Gelübde spielten oft in das Gebiet des Barocken, gingen

St. Georg als Patron der Ritter.
Nach: La chevalerie et les croisades.

z. B. dahin, keinen Helm oder Schild mehr zu tragen, bis
der Gelobende einen solchen dem Feinde abgenommen, nur
mit einem Auge zu sehen, nur mit der Linken zu essen,
in keinem Bett mehr zu schlafen, kein Fleisch oder keinen
Wein mehr zu geniessen, eine schwere Kette zu schleppen
u. s. w. bis ein Unternehmen ausgeführt wäre. Die feierlichsten
Gelübde wurden, ausser den heiligsten Namen, auch bei dem

Pfau oder Fasan abgelegt, welche Vögel man als die ritterlichsten betrachtete. Der Zug der Zeit ging aber
namentlich dahin, dem Rittertum einen religiösen Charakter
zu geben. Viele, wenn nicht die meisten Ritter waren über-
zeugt, sich durch Reliquien und Amulette so gut zu schützen,
wie durch Panzer und Schild. Während der Kreuzzüge ver-
wandelten sie sich oft plötzlich in Glaubensboten, predigten
den Moslimen das Evangelium, behandelten ihren Schwert-
griff als Kreuz, indem sie ihn sterbend küssten, und beichteten,
als Gefangene ohne Priester einander gegenseitig.

---

3. Frauenleben und Minnedienst.

Der Ritter wurde nicht nur von den Höfen und von der
Kirche, sondern auch von den F r a u e n ausgezeichnet, was
in der Kultur des Rittertums ein nicht zu unterschätzendes,
ja dieses geradezu veredelndes Moment abgab. Dies Verhältnis darf jedoch nicht allzu romantisch aufgefasst werden.
Auch die Ritterzeit hatte ihre Prosa und war nicht lauter
Poesie. Auch die Damen jener Zeit schwebten nicht bloss
im Reiche der Minne und der Dichtung, sondern hatten
auch ihre hausbackene Bestimmung und Beschäftigung.
Schon frühe wurden die Töchter von den Müttern angeleitet,
alles zu erlernen, was nach damaligen Ansichten zum Berufe
einer tüchtigen Hausfrau erforderlich war, und das war in
praktischer Beziehnng mehr als heutzutage. Die Mädchen
höherstehender Familien wurden gleich den Söhnen an den
Hof gesandt, um feine Sitte, d. h. wohl Anstand und französische Sprache zu lernen; sie übten aber auch dort, gleich
den Frauen zu Hause, die häuslichen Arbeiten. Die Damen
der Ritterzeit kannten alle weiblichen Arbeiten, verstanden
aber wohl zu unterscheiden, welche von diesen sich für sie
schickten und welche sie geziemender den Mägden zu überlassen hatten. Die Fertigung der Kleider für sich und für
ihre männlichen Angehörigen, deren Verzierung mit Borten

und Edelsteinen und das damals auf einen hohen Grad der Vollendung gestiegene Einsticken von Figuren aller Art war ihrer würdig, — das Spinnen und Weben beschränkte sich auf feinere Sachen und kirchliche Gegenstände, was die hl. Landgräfin E l i s a b e t h von Thüringen aus Frömmigkeit und Demut so weit ausdehnte, Wolle zu Kutten für Mönche zu spinnen und Kleider für ihre Mägde zu weben. Gewöhnliches Spinnen und Weben besorgte die Dienerschaft; aber auch die Töchter armer Ritter waren zu eigener Besorgung aller möglichen Arbeiten genötigt.

Die am Hofe anzueignende Anstandslehre für Mädchen wurde durch ein weitläufiges, ungeschriebenes, doch bisweilen dichterisch bearbeitetes Gesetz geregelt (in Frankreich: le

Mädchen der Ritterzeit, Anfang des 14. Jahrhunderts.
Nach Wright History.

Chastiement des Dames, in Deutschland: die Lehren der Winsbeckin). Wir heben daraus hervor, dass es für Damen als unschickdich galt, grosse Schritte zu machen, die Arme lebhaft zu bewegen, die Blicke zu erheben und umher zu werfen, die Kleider nachschleppen zu lassen, die Beine übereinander zu schlagen, einen Mann anzublicken oder zuerst anzureden, laut zu sprechen oder zu lachen usw. Wie die jungen Männer in den Helden, so erblickten auch die jungen Damen in den Heldinnen der Rittergedichte ihre Vorbilder, denen sie ähnlich zu werden suchten.

Es wurde von den Damen jener Zeit auch Kenntnis der Pflege Kranker und Verwundeter verlangt, was bei dem

Mangel an Ärzten und bei der Abgelegenheit der meisten
Burgen höchst notwendig war. Sie verstanden sich auf das
Verbinden, wie auf die heilsamen Kräuter, auf die Herstellung
von Salben, Pflastern und verschiedenen Hausmitteln und auf
die zweckmässigste Krankenkost. Man sieht leicht, dass bei
diesen Lehren und Beschäftigungen die poetische Unterhaltung
nicht die Hauptsache sein konnte. —

Auch die Achtung, welche die Damen genossen, hatte
mehr Ausnahmen zu erleiden, als man, besonders früher,
meist glaubte. Es ist bereits (S. 56) erwähnt, dass Töchter
gleich den Söhnen von den Eltern geschlagen wurden, wenn
sie ungehorsam waren. Ja die heilige Elisabeth, Landgräfin von Thüringen, liess sich von ihrem Beichtvater, dem
Ketzerrichter Konrad von Marburg, blutig prügeln, um sich
in der Selbstverleugnung zu üben, und wahrscheinlich war
ihr früher Tod eine Folge der Behandlung von Seite dieses
rohen Menschen, dem sein «Feuereifer» schliesslich das Leben
kostete. Dass Ehemänner ihre Frauen schlugen, war nichts
seltenes; dagegen war es verpönt, dass Männer sich dies gegenüber Frauen erlaubten, die ihnen nicht untergeordnet waren.
Übrigens bedachten sich auch Damen nicht, von schlagenden
Argumenten Gebrauch zu machen, namentlich gegen jüngere
Verwandte, die ihnen widersprachen, oder gegen zudring-
liche Liebhaber.

Der Unterschied zwischen den Benennungen «Jungfrau»
und «Frau» war ein anderer als heute. Er bezog sich nicht
auf die Verheiratung, sondern auf das Alter. Junge Frauen
hiessen «jungfrau», ältere Jungfrauen, deren es aber wohl
wenige gab, «frau». Um die geschlechtliche Reinheit aus-
zudrücken, nannte man die, welche sie noch besassen, «maget»,
die verheirateten Frauen als solche aber «wîp».

Für die weibliche Schönheit war man sehr empfänglich.
In den Dichterwerken der Ritterzeit sind die Helden und
Heldinnen immer schön und die bösen Leute immer hässlich.
Merkwürdiger Weise sind aber in den deutschen Helden-
gedichten und Minnegesängen die Schönen in echt ger-
manischer Weise stets blond und zwar goldblond.
Ihr Haar war ausserdem glänzend und in natürliche Locken

gekräuselt. Die Augenbrauen hingegen durften dunkel, sogar
schwarz sein.; auch war die Farbe der Augen nicht vorgeschrieben, doch sollten sie hell sein und leuchten. Das Ideal,
dem die Heldinnen entsprachen und daher wohl auch die
Auserkorenen der Dichter entsprechen sollten, verlangte ferner
eine mässig hohe Gestalt, eine weisse, glatte, rundliche Stirn
schneeweise Schläfen, eine mässig lange, gerade, nicht gebogene
Nase, weiche, rosig angehauchte Wangen, einen kleinen Mund

mit vollen roten Lippen,
kleine, weisse und dicht
gestellte Zähne, ein
kleines rundliches Kinn
mit Grübchen, kleine
rundliche Ohren, mässig
langen und glatten
Hals, eine feine, zarte
Kehle, weissen Nacken,
schmale, feingebildete
Schultern, einen weissen
vollen Busen, weisse
und weiche Hände,
lange, innen rosige Fin-
ger, glänzende, gut ge-
pflegte Nägel, schmale,
kleine und unten ge-
wölbte Füsse u.s.w. So
ziemlich das Gegenteil

Ritter zu einer Dame einsteigend.

von all diesem wurde den bösartigen Menschen zugeschrieben;
namentlich waren diese mit Vorliebe bucklig, dickköpfig und
rothaarig.

Neben den Lobpreisungen der Schönheit nimmt sich
aber der Mangel jener Zeit an sittlicher Stärke recht unvorteil-
haft aus. Es gibt wohl wenig Thatsachen, welche den Ruhm
einer angeblichen «guten alten Zeit» schärfer widerlegen, als
die Litteraturwerke der sog. Ritterzeit. Diese sind weit
reicher an lüsternen Scilderungen und losen Abenteuern, als
irgend eine andere Periode der Litteraturgeschichte. Die
Franzosen gehen hierin voran und geben den Ton an; die

Deutschen folgen ihnen zwar getreu nach, umgeben aber doch diese bedenklichen Geschichten mit einem Zauber der Poesie, der dem trockenen Reimchronikstil der westlichen Nachbaren fehlt. War auch kein Mangel an Dichtern, geistlichen und weltlichen, und gab es auch unter ersterm Stande nicht wenig Theologen und andere Gelehrte (besonders Chronisten), so hatten doch beide Gruppen in überwiegender Zahl viel zu wenig ernste Beschäftigung um nicht Versuchungen ausgesetzt zu sein, die sie auf Abwege führten. Die Religion bestand in wenig mehr als Ceremoniendienst; die Geistlichen glaubten mit dessen Abwicklung, die Weltlichen mit dessen Befolgung ihre volle Pflicht gethan zu haben. In beiden Ständen fehlte es daher an sittlichem Streben, das nur bei Ausnahmen vorhanden war; doch scheint das weibliche Geschlecht im Ganzen besser, und soweit es schlimm war, wie übrigens zu allen Zeiten, nur von den Männern verdorben gewesen zu sein. Leider gingen hierhin die meisten Geistlichen mit schlimmem Beispiele voran und verführten Frauen und Mädchen durch Geschenke, so dass das Volk es lieber sah, wenn sie sich besondere Weiber hielten; denn der Cölibat war bereits allgemein eingeführt. Auch die Klöster, deren gelehrte Thätigkeit längst erloschen war, erfreuten sich keines guten Rufes. Endlich fehlte es nicht an abenteuernden Damen, sog. «fahrenden Fräulein», die im Lande umherzogen.

Unter diesen Umständen war es denn nicht zu verwundern, dass die Ehe nicht immer ein Heiligtum blieb. Ja es war geradezu bei den Rittern bevorzugte Sitte, ihre Liebe verheirateten Frauen, sog. A m î e n, zu weihen, welchen dieses Verhältnis um soweniger zur Schande gereichte, als Gesetzbücher, wie der Sachsen- und Schwabenspiegel, es anerkannten. Dazu trug viel bei, dass verheiratete Ritter oft lange Zeit auf Kriegszügen (besonders Römer- und Kreuzzügen) abwesend waren, andere aber aus Armut oder Gewinnsucht sich nicht entblödeten, die Kuppler ihrer Frauen zu sein. Ein solcher Liebhaber, a m î s genannt, scheute keine Gefahren, zu seiner Geliebten zu gelangen, deren Mann ihn, wenn er ertappt wurde, töten durfte, und je mehr er solche Gefahren bestand, desto höher stieg sein Ruhm. Ritter dieser Art schnitten die

Namen ihrer Angebeteten in Baumrinden ein, küssten ihre
Fusstapfen, trugen Hemden, Ärmel, Tücher derselben am Leibe
Helm oder Speer in Turnier und Schlacht, und ihre «Damen»
waren stolz darauf, diese Gegenstände in zerfetztem oder
blutigem Zustande wieder zu tragen. Aber sie verlangten
auch oft von ihren Liebhabern aus Übermut Thaten, die bald
durch ihre Unausführbarkeit komisch, bald durch ihre Gefährlichkeit abschreckend waren. An gegenseitigen Geschenken
zwischen den Liebenden fehlte es nicht; doch waren bei
armen Rittern die Damen mehr die Gebenden, als die Em-
pfangenden und freuten sich mehr der Tapferkeit als der
Feigebigkeit ihrer Verehrer. Diese sandten ihnen ihre besiegten
Gegner zu und überliessen es ihnen, von denselben ein Lösegeld zu verlangen. In solchen Verhältnissen hat wohl schwerlich
ein Ritter grössere oder auch nur so grosse Tollheiten verübt, als der solche selbst in Versen erzählende Ulrich von
Lichtenstein; schwerlich auch sind manche von ihren
Geliebten so entsetzlich genarrt und verhöhnt worden wie er.

Es ist kein schönes Zeugnis für das sittliche Gefühl der
Zeit, das die Dichter der Heldenromane stets für die Ehe-
brecherpaare Partei nehmen und auch die Personen ihrer
Werke dieselbe Anschauung äusssern lassen. Das in poetischer
Hinsicht wundervolle Werk Gottfrieds von Strassburg,
Tristan und Isolde, ist eine fortlaufende Verherrlichung des
Ehebruchs, und selbst so fromme Dichter wie Wolfram von
Eschenbach erzählen verfängliche Sachen mit einer gewissen
Schalkheit oder gar mit derben Spässen. Wir wollten gern
glauben dass die Dichter in diesem Punkte vieles übertrie-
ben haben, wenn wir nicht annehmen müssten, dass sie
wohl wussten, was ihre Leser und Zuhörer gern vernahmen.

Doch muss auf der andern Seite auch zugestanden werden,
dass gerade die ausgezeichnetsten Werke jener Zeit mit Ausnahme des genannten Tristan, nämlich die Nibelungen, Gudrun und Parzifal, von unrechtmässigen Verhältnissen frei
sind und sowohl reine Liebe, als eheliche Treue mit wahren
und herrlichen Farben schildern. Auch ist es Thatsache,
dass, so nachsichtig man gegen freiwillige Einverständnisse
war, alle Gewaltanwendung gegen weibliche Personen streng

verpönt war und mit dem Tode bestraft wurde. Dem entsprechend hatte Verführung eines Mädchens den Verlust des Lehens zur Folge, ebenso der entdeckte Ehebruch und die Entführung der Frau oder Tochter des Lehensherrn.

---

4. Hochzeiten und Feste.

Die Leichtfertigkeit, welche in der Ritterzeit mit Bezug auf die E h e so häufig zu finden ist, wird einigermassen erklärt durch den Umstand, dass die Wahl des Gatten infolge der herrschenden Anschauungen meist keine freie war. Die Ritter waren durch die öffentliche Meinung gezwungen, eine standesgemässe Ehe einzugehen und die armen Ritter durch die mit dem Ritterleben verbundenen beträchtlichen Kosten, eine reiche Gattin zu suchen. Seit dem 13. Jahrhundert waren diese Ansprüche noch wesentlich gewachsen, die Rücksicht auf die Mitgift war zu einer unvermeidlichen geworden, und seitdem hatten reiche Töchter, auch wenn sie hässlich waren, mehr Aussicht auf eine eheliche Verbindung, als noch so schöne, denen es an Vermögen gebrach. Ja es kam bereits damals so weit, dass die Standesrücksicht vor der ökonomischen den Kürzern ziehen musste und dass Personen höherer Stände, namentlich Mädchen, sich oft mit solchen geringerer Herkunft, sogar mit reichen Bauern verbanden. In den vornehmeren Familien durfte dies allerdings nicht geschehen; dafür sorgte der König oder der fürstliche Lehensherr, von dessen Einwilligung die Verbindungen höherer Häuser aus politischen Gründen abhingen, freilich nicht nach Gesetzen, aber nach Gebräuchen, die zu umgehen die Standesrücksicht verbot. Doch hatten die Verwandten dabei eine gewichtige beratende Stimme, auf welche der Oberherr hörte. Ein Widerstand gegen beide Instanzen konnte harte Vermögensstrafen, ja bei Entführung die Todesstrafe zur Folge haben. Da indessen Rittersöhne vom 14. Altersjahre an das Recht hatten, frei zu wählen, so bezog sich jene fürstliche Einwilligung in der Regel auf die jungen Damen, und zwar vorzugsweise auf vaterlose und auf solche die am Hofe lebten.

Die Formen der Verlobung bestanden im Eheversprechen und in der Überreichung von Geschenken an die Braut, im Austausch der Ringe oder in einem Eidschwur. Ehehindernisse und Gründe zur Aufhebung der Verlobung waren: Eintritt des einen Teiles in ein Kloster, lange Abwesenheit bez. Verschollenheit des Bräutigams, schwere Krankheiten, Verstümmelungen, unritterliches Verhalten, anderweitige Verheiratung, Entdeckung verbotener Grade der Verwandtschaft oder Verlangen nach Auflösung der Verlobung durch den minderjährigen Verlobten, nachdem er volljährig geworden

Verlobung.
Nach Mercuri, Costumes historiques.

war. Bei der Verlobung von Kindern, die oft vorkam, wurden gegenseitige Pfänder, bestehend in Boden und Geld, zwischen den Eltern ausgetauscht, welche, wenn die Verlobten in volljährigem Alter in die Ehe nicht einwilligten, in das Eigentum der Pfandinhaber übergingen. Ja es wurden sogar Kinder verehelicht, lebten aber bis zum Alter der Mündigkeit getrennt.

Es kam vor, dass Verlobung und Trauung zusammenfielen oder dass letztere, wenn bei ersterer bereits ein feierliches Versprechen stattgefunden, für überflüssig erachtet wurde.

Die altdeutsche Form der Eheschliessung war die rechts-
giltige Übergabe der Braut an den Bräutigam durch ihren
Vater oder dessen Stellvertreter. Die Kirche hatte früher an
dieser Form keinen Anstoss genommen; erst seit dem 8.
Jahrhundert verlangte sie die Vollziehung der Trauung durch
einen Priester. Dies wurde aber Jahrhunderte lang nicht oder
nur wenig beobachtet, und die volkstümlichen Heldengedichte
des 12. Jahrhunderts erwähnen noch keine kirchliche Eheschliessung, die erst in den höfischen Ritterepopöen des 13.
Jahrhunderts nach und nach auftaucht, ja erst seit dem 14.
und 15. Jahrhundert ein allgemeiner Gebrauch wurde.

Im Mittelalter nannte man «hochgezît» jede grosse Fest-
lichkeit; es gehörte dazu besonders, dass recht viele Gäste
eingeladen und bewirtet, dass möglichst viel gegessen und ge-
trunken wurde und schrankenlose Fröhlichkeit herrschte.
Mit Vorliebe feierte man eine «Hochzeit» bei einer Ver-
mählung, auf welches Ereignis in der Folgezeit jener Name
ausschliesslich übertragen wurde. Solche Feste dauerten viele
Tage, ja Wochen lang, und der Brautvater hatte nicht nur
alle Kosten zu tragen, sondern auch den Eingeladenen Geschenke (kostbare Geschirre, Stoffe, Pelzwerk, Schmuck, edle
Pferde, Hunde, Falken u. a,) zu verabreichen, deren aber
auch der Bräutigam der Braut und die Eingeladenen den
Spielleuten gaben. Was an Haustieren, Wildbret, Geflügel
und Fischen, an Getreide, Mehl, Eiern u. s. w, die Getränke
nicht zu vergessen, dabei verbraucht wurde, ist geradezu
fabelhaft. Den grössten Konsum hatten natürlich die Hochzeiten fürstlicher Personen ausfzuweisen. An der Hochzeit
des Grafen Richard von Poitiers in London (1243) wurden
30,000 fercula (ungewiss ob Gerichte oder Portionen) zu-
bereitet. Die Zahl der Gäste war oft so gross, dass sie in
Zelten untergebracht werden mussten. Da «entwickelte sich
ein buntes Treiben. Die Banner der Herren, die Schilde
der Ritter wurden vor deren Herbergen aufgeflanzt und aus-
gehängt, die Trossbuben durchzogen lärmend und Futter für
ihre Rosse, Essen und Trinken für sich und ihre Herren
heischend die Stadt. Aber nicht nur die eingeladenen Gäste
drängten sich da; von nah und fern waren Schaaren Schau-

lustiger zugeströmt, und es hatten sich Haufen von fahrenden Leuten, Sängern, Musikern, Akrobaten u. s. w zusammen-
gefunden, die bei einem solchen Feste eine reiche Ernte zu
halten hoffen durften. Der Bräutigam, der von Spielleuten
begleitet mit Musik einzog, fand schon eine grosse Menge
vor; die Häuser waren ihm zu Ehren mit prächtigen Stoffen
behängt, Frauen und Mädchen in ihrem besten Putze sassen
an den Fenstern oder auf den Söllern, den Gast festlich zu
empfangen» (A. Schultz).

Trauung.
Nach Mercuri, Costumes historiques.

Eine beliebte Zeit für Hochzeiten war Pfingsten; die
Trauung fand gern am Morgen statt. Der Zug zur Kirche
wenn die Ceromonie dort stattfand, war besonders prachtvoll, es wurden aber auch Trauungen in Sälen oder Gärten
vorgenommen. Der kirchlichen Trauung bei welcher in
Frankreich das Paar mit einem kostbaren Tuche überdeckt
wurde, folgte eine Procession; voran gingen die Geistlichen
(bei Vornehmen Bischöfe), singend und Lichter, Weihrauch-
fässer, Reliquienschreine tragend, nach ihnen der fürstliche
Bräutigam und die Braut. Der Zug ging zur Kirche zurück,

und nach einer Messe bewegte er sich zum Palast, dieser
wurde auf die oben (S. 36) erwähnte Weise ausgeschmückt,
und die Lustbarkeiten in demselben wechselten zwischen
Essen und Trinken, Musik mit Kampfspielen ab, was alles
zu sehen und zu hören eine unabsehbare Menge Volkes sich
herbeidrängte.

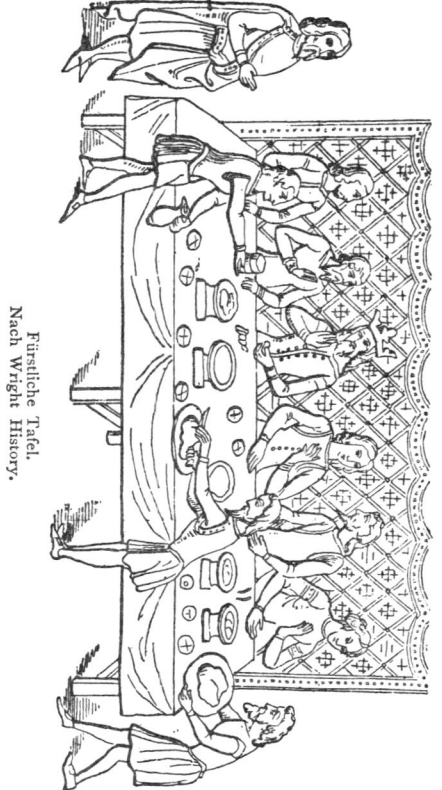

Fürstliche Tafel.
Nach Wright History.

Wenn es dunkel ge-
worden war, geleiteten
die Freunde die Braut in
die Brautkammer, wo die
Geistlichen einen Segen
über das Paar sprachen.
Am nächsten Morgen
wurde das junge Ehepaar
von den Verwandten be-
grüsst und beschenkt und
mit Glückwünschen über-
häuft; nach einem ge-
meinsamen Frühstück und
vor dem Kirchgange
schenkte der junge Ehe-
mann seiner Gattin die
Morgengabe. Nach der
Messe wurden die Lust-
barkeiten fortgesetzt und
damit Turniere und Ritter-
schläge verbunden.
Bevor die Teilnehmer
an der langen «Hochzeit»
von einander Abschied
nahmen, beschenkten sie sich gegenseitig, doch stets mit
Rücksicht auf das Vermögen, so dass die Ärmeren oft nur
erhielten, ohne zu geben. Besonders zärtlich war der Abschied der Eltern von der mit dem Manne abreisenden
Tochter, wobei es nicht an guten Lehren fehlte.
    In der neuen Heimat wurden die Neuvermählten fest-
lich empfangen. War es ein fürstliches Paar, so wurden, wie
auch beim Besuche eines hohen Herrn oder bei dem Ein-

zuge eines siegreichen Heeres, die Strassen, was sonst nicht
allzu oft geschah, gereinigt, die Häuser mit Laub und Tep-
·pichen geschmückt, Ehrenpforten errichtet, die Glocken ge-
läutet u. s. w. Die Bürger zogen den Ankommenden reitend
entgegen, die Frauen und Mädchen tanzend und singend.
War es Abend, so strahlte die Stadt in einem Lichtermeere.

Ein solches Fest wird bei Anlass des Empfanges
der Braut Kaiser Friedrichs II., Isabellas von England
geschildert. Sie landete (1235) in Antwerpen. Aus Köln
kamen ihr alle Priester der Umgegend in feierlichem Aufzug

Königswahl Heinrichs VII.
Aus dem Codex Balduins von Trier, im Archiv zu Koblenz.

entgegen, mit kostbaren Ornaten bekleidet, brennende Kerzen
tragend, unter Glockengeläute Lieder der Freude singend.
Unter ihnen befanden sich Künstler und Meister jeglicher
Art von Musik mit ihren Instrumenten. Als in Köln ihre
Ankunft bekannt wurde, zogen mit Blumen und Putz geschmückt, in Festkleidern, gegen zehntausend Bürger auf
kostbaren Pferden aus der Stadt ihr entgegen und führten
Ritterspiele auf. Auch Schiffe wurden ihr entgegen gefahren,
nämlich auf Wagen mit verdeckten Rädern und Pferden,
darin Geistliche auf der Orgel spielten. Der Zug ging durch
die Hauptstrassen von Köln. Die Kaiserin nahm Hut und

Mantel ab, um den Neugierigen ihr Angesicht zu zeigen. Im erzbischöflichen Palaste fand sie Aufnahme, und die ganze Nacht sangen und musizierten vor ihr junge Mädchen, unter die sie sich dann selbst mischte.

Alle Festlichkeiten aber wurden an Pracht und Pomp von den Krönungsfesten der K a i s e r und K ö n i g e übertroffen. (Siehe die Schilderung der Krönung Rudolfs von Habsburg in des Verfassers Kulturgeschichte des deutschen Volkes, 2. Aufl., Bd. I, S. 305.)

Krönung Heinrichs VII. (Codex Balduins von Trier.)

5. Ritterliche Vergnügungen.

Ausserhalb der Feste und des Besuches von Gästen war wohl das Leben der Ritter und ihrer Familien auf den Burgen ein einfaches, wenn auch nicht so einseitiges, wie man sich wohl meist denkt. Die Burgherren beschränkten sich nicht auf Turnieren und Bankettieren, auf Fehden und Abenteuer, sondern hatten auch ihre Dienstleute und ihre Güter zu beaufsichtigen und waren nicht selten treffliche Haus- und Landwirte. Wenn aber Gäste da waren, oder auch wenn die Familie ohnehin zahlreich war, so dachte man auf allerlei Unterhaltungen und Vergnügungen. Sehr herzlich wurden die Gäste empfangen und begrüsst. Man ging ihnen entgegen, auch die Damen mit ihren Gesellschafterinnen, und bewilkommte die Gäste durch Küssen, wobei es gewisse, aber nicht allgemein beobachtete Regeln in Bezug auf den Stand gab. Man half ihnen mit Kleidern und Wäsche aus, soweit es nötig war, bereitete ihnen ein Bad, wobei naiver Weise Jungfrauen den ritterlichen Ankömmling bedienten und trug ihnen dann zu essen und zu trinken auf. Sie zuerst danach zu fragen, ob sie etwas wollten, galt als geizig und als ein Vorwand, nichts zu geben. Die Unterhaltung zwischen

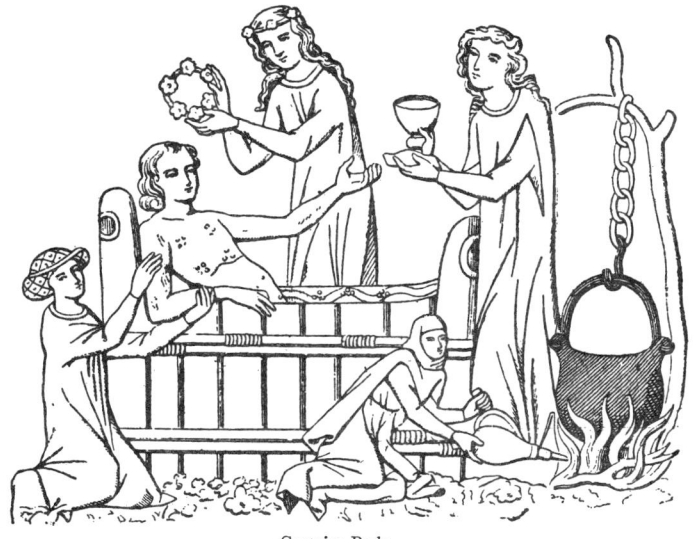

Gast im Bade.
Nach Gay, Glossaire.

Wirt und Gästen begann wohl mit Erzählungen von der Reise und von den gegenseitigen Erlebnissen und Familien. War dieser Stoff erschöpft, so kamen die geselligen S p i e l e an die Reihe. Das gefährlichste derselben war das W ü r f e l s p i e l, das auch als Vertreter des «Spielteufels» überhaupt betrachtet wurde, so dass man von den die Ritterwelt untergrabenden «drei Weh» (Würfel, Wein und Weiber) sprach. Ohne Zweifel spielten nur Männer mit Würfeln, und die diesem Spiele ergebenen Leute waren nicht besonders geachtet, da man mit demselben (wie schon bei den alten Indern des Mahabhârata) oft sein Geld und Gut völlig verspielte und mindestens wilder Streit daraus hervorging. Schon Otto der Grosse hatte den Geistlichen die Würfel verbieten müssen, und Friedrich II. erliess 1232 ein Gesetz gegen die Würfler, was auch Ludwig IX. der Heilige von Frankreich 1255 that. Aber all dies hatte keinen Erfolg. Die Würfel waren von Bein oder Elfenbein und wie noch heute mit 6 Zahlen bezeichnet, die man altfranzösisch benannte (esse, tus, drie, quater, zinke, ses) und denen man Beziehungen auf Gott, Himmel und Erde, die Dreieinigkeit, die Evangelisten, die 5 Sinne und die 6 Wochen der Fasten gab, wodurch der Teufel, wie Reinmar von Zweter sagt («der Tiuvel schuof daz Würfelspil»), die Seelen an sich zu ziehen suchte.

Trictracspieler.
Nach Schultz, höf. Leben.

Die anständigere Gesellschaft zog die Brettspiele vor. Das eintachste derselben war das Tables-, das heutige Damenspiel. Mit dem Würfel verbunden und daher diesen oft gleichgestellt war (wie noch heute) das Trictrac oder Wurfzabel.

Das edelste Spiel aber war, wie noch jetzt, das aus Indien stammende Schach (damals: Schachzabel, d. h. Schachtafel), worüber gelehrte symbolierende Werke geschrieben wurden (wie durch die Mönche Jacobus de Cessolis gegen Ende des 13. und Konrad von Ammenhusen im 14. Jahrhundert). Man trieb damit in reichen Häusern grossen Luxus; es gab Schachbretter aus Gold und Silber und aus Elfenbein und Schachfiguren aus demselben Stoffe und aus Ebenholz oder

Schachspieler.
Nach Schultz, höf. Leben.

Schachfiguren.
Nach Schultz, höf. Leben.

aus Edelsteinen geschnitzt. Auch waren beide nicht selten
von solcher Grösse, dass sie, wie in Gedichten erzählt wird,
bei plötzlichen Überfällen während des Spieles als Schilde
und Wurfgeschosse dienen konnten. Die Figuren nannte
man: König, Königin, Ritter, (Springer), Alte oder Bischöfe
(Läufer), Roche (Türme) und Venden (Bauern).

Schachfiguren.
(Worsaae.)

Aber auch dieses Spiel wurde zur Geldgier benutzt und
daher wiederholt verboten, natürlich ebenfalls ohne Erfolg.
Verrufen war auch das Riemenstechen.

Das sog. Kugelspiel scheint einige Ähnlichkeit mit
dem heutigen englischen Criquet gehabt zu haben.

Sehr beliebt bei Herren und Damen war das Ballspiel die Bälle waren von Leder, sehr hart und wurden mit einer Art von Keule geschlagen.

Es fehlte auch nicht an allerlei anderen Spielen, die mit den modernen Pfänderspielen Ähnlichkeit hatten.

Noch beliebter aber waren die Tänze, die indes bei den höheren Ständen nur in einer Art gemessenen langsam

Ballspieler. (Strutt.)

schleifenden Einherschreitens unter Gesangbegleitung bestanden. Die Geistlichkeit eiferte jedoch stets nach Kräften gegen das Tanzen; auch dies aber war fruchtlos.

In der schönen Jahreszeit und bei heiterm Wetter bewegte man sich lieber im Freien. Man ging in Feld und Wald, tafelte, spielte und tanzte dort. Die Naturfreude der Ritterzeit beschränkte sich auf das einzelne, auf Vogelgesang, Blumen u. s. w. Für Landschaften und deren Reize hatte

man keinen Sinn, am allerwenigsten aber für die Alpennatur
und für Berge und Seen überhaupt; auch das Meer scheint
sich keiner Sympathien erfreut zu haben.

Ein sehr hübsches Spiel, das aber nicht häufig vor-
gekommen zu sein scheint, da es wohl vieler Vorbereitungen
bedurfte, war das namentich in Oberitalien beliebte der
Minneburg. «Es wurde zum Scherz eine Burg gebaut
und in diese die Damen mit ihren Jungfrauen, Gebieterinnen
und Dienerinnen gebracht, die nun ohne Beihilfe eines Mannes diese Burg weislichst verteidigten. Sie war auch von

Tänzer und Tänzerin.

allen Seiten mit Befestigungen beschützt, nämlich mit Bunt-
und Grauwerk, mit Purpur-, Sammet- und Scharlachstoffen,
Seidentüchern u. s. w. Mit goldenen Kronen, besetzt mit
Edelsteinen aller Art (?), schützten die Damen ihre Häupter
gegen den Angriff der Kämpfer. Die Burg wurde erstürmt
mit folgenden Wurfgeschossen: mit Aepfeln, Birnen, Datteln
und Muskatnüssen, kleinen Torten, Rosen, Lilien und Veil-
chen, mit Flacons, gefüllt mit Rosenwasser, Balsam und
anderen Wohlgerüchen» (A. Schultz).

Weit mehr aber als diese Lustbarkeiten blühte der
Sport. Die einfachste und ungefährlichste (wenn gleich
unter Umständen auch gefährliche) Art desselben war die

Jagd oder das Waidwerk, und diese war damals nicht nur ein Vergnügen wie heute, sondern einerseits, bei der damaligen Unvollkommenheit der Waffen, weit mehr als heute ein Anlass, Mut, Kraft und Geschicklichkeit zu beweisen, und anderseits hatte sie den praktischen Zweck, sowohl schädliche Tiere, die zu jener Zeit Mitteleuropa noch bevölkerten, auszurotten, als den abgelegenen Burgen in einer Zeit, da es noch

Minneburg.

kein Fleischergewerbe gab, regelmässige Fleischnahrung zuzuführen. Überdies hielt man gern allerlei Tiere, die man auf der Jagd lebend erbeutet oder aus fremden Ländern erhalten hätte, in Haus und Hof. Bei Damen traf man Singvögel, Stare, Elstern, Papageien, ferner zahme Hirsche, Rehe, Marder, Hermeline, Eichhörnchen. Fürsten führten auf Reisen Elefanten, Kamele, Löwen, Leoparden u. s. w. mit sich, die sie aus den Kreuzzügen mitgebracht oder aus dem Orient zum Geschenk erhalten hatten. Im Gegensatze zu diesen tropischen Tieren sandte ein König von Norwegen einem solchen von Dänemark einen angeblich zahmen Eisbären. Man hört auch von Menagerien, z. B. von der Heinrichs I. von England in Woodstock.

Die Ritterzeit kannte zwei Hauptarten von Jagd, die auf laufende Tiere mit Hunden und die auf Vögel mit Fal-

Erstürmung und Übergabe einer Minueburg.
(Franz. Elfenbeinschnitzerei; London, S.-Kensington Museum.)

ken. Beide Jagdhelfer wurden hochgeschätzt; auf ihre Abrichtung wurde viel Zeit und Mühe verwendet. Die J a g d-h u n d e (Bracken, Windhunde, Rüden u. a.) waren durch schwere Bussen geschützt, die auf ihre Tötung gesetzt wurden, und man hielt sie für edler als die Hofhunde. Sie hatten besondere Jäger zur Leitung und Wartung und wurden an langen oft kostbaren Seilen geführt.

Für noch weit wertvoller wurden die Jagdfalken gehalten. Ein Kaiser, Friedrich II., und ein grosser Gelehrter, Albertus Magnus, hielten es nicht unter ihrer Würde, (lateinische) Bücher über die Falkenjagd und Falkenbeize zu schreiben.

Man unterschied als Arten der Edelfalken: Heilige Ger-, Berg- und Pilgerfalken und gewöhnliche. Geringern Ranges waren die Habichte und Sperber. Man fing sie teils, teils kaufte man sie von Händlern. Ihre Dressur war eine sehr weitläufige (es ist zu verweisen auf Schultz, höfisches Leben, I. S. 370 ff.) und der Falkner eine wichtige

Falkenbeize.
Aus Friedrichs II. Buch über die Falkenjagd. (Handschrift der vatikan. Bibliothek.)

Persönlichkeit. Es wurde überhaupt ein wahrer Kultus mit dem edlen «Federspiel» getrieben, worin es die Damen (man denke an Kriemhild im Nibelungenliede) den Herren oft gleich thaten.

Die Jäger, sowohl Herren als an der Jagd teilnehmende Damen, waren in der Regel grün gekleidet, und im Winter war ihr Anzug mit Pelz besetzt. Sie trugen (auch die Damen) Sporen, soweit sie zu Pferde jagten. Zur Ausstattung der Herren gehörten Messer, Feuerzeug, ein Hifthorn (eigentlich Hief-, d. h. Rufhorn), und als Jagdwaffen: Spiesse

(gegen Bären, Wildschweine und Wisente), Wurfspeere
(gegen Hirsche), seltener Armbruste und Bogen. Das Jagd-
horn, oft aus Gold oder Elfenbein, diente zur Sammlung
der Jagdgesellschaft oder zum Herbeirufen der Hundemeute.
Gejagt wurden, ausser den schon genannten Tieren, Wölfe,
Luchse, Auerochsen, Schelche (Riesenhirsche), Elentiere,
Rehe, Hasen und Füchse. Als Arten der Jagd unterschied
man: die Pirschjagd, die Hetzjagd und die Falkenjagd.

Ritterliches Siegel mit Jagdmotiv.

Zur Kunst eines richtigen Jägers gehörte die Curîe oder
Curée, die richtige Zerlegung (Zerwirkung) des Tieres, wobei die Hunde ihren Anteil erhielten, und die Fortschaffung
der brauchbaren Stücke. Tristan in Gottfrieds Dichtung
ist ein Meister dieser Kunst (Schultz a. a. O. I. 357ff).
Ihre Erledigung wurde mit einer Hornfanfare gefeiert. In
Frankreich galten ausführliche Jagdregeln, bei denen auch
der Aberglaube mitspielte. Es kam schon damals viel darauf an, wer oder was dem Jäger auf dem Pirschgange be-
gegnete und auf welcher Seite. Es war sodann Regel, das

Herz des Tieres den Aussätzigen, den Knorpel im Herzen einer Frau in Hoffnung, die Vorderkeulen und die Haut dem Jäger, den Hals den Knechten zu geben. In Deutschland machte man die Sache einfacher und willkürlicher ab.

Ritterliches Siegel mit Jagdmotiv.

Oft dauerten Jagden längere Zeit, und dann kamen der Gesellschaft Jagd- und Forsthäuser wohl zu statten. Fehlten solche, so wurden bei grossen Jagdzügen Zelte und Proviant auf Wagen mitgenommen, und man kampierte, wobei es

Saujagd.

zwischen Herren und Damen oft nicht sehr streng hergegangen sein mag.

Mit den F a l k e n , welche Herren und Damen auf der in Leder behandschuhten Faust trugen, jagte man Vögel, die mit dem Pfeile nicht gut zu erlegen waren, besonders Kraniche, Reiher, Schwäne, Trappen, Fasane, Brachvögel, Kibitze, Stare und Lerchen, wilde Hühner, Tauben, Gänse und Enten. Auch auf die Falkenjagd nahm man Hunde

Falkner.
Aus dem Buche Friedrichs II.

mit, um die Vögel aufzusuchen, die dann von den losgelassenen Falken verfolgt, erfasst und beigebracht wurden. Schlimm war es, wenn stärkere Raubvögel, wie Adler oder Geier, auf den Falken losschossen und ihn bezwangen oder verscheuchten.

Statt der Jagd auf Vögel begnügten sich selbst edle Herren oft mit der bequemern Vogelstellerei, oft auch mit dem Fischfang, der aber für weniger ritterlich gehalten wurde als die Jagd.

6. Ritterliche Lebensweise.

Das alltägliche Leben der ritterlichen Gesellschaft war von demjenigen der übrigen Stände jener Zeit nicht so sehr verschieden, wie es die Feste und Vergnügungen jener Gesellschaft waren; doch unterschied es sich in seinen höheren Schichten von dem Leben der tieferen Schichten und natürlich auch der übrigen Stände durch seinen Aufwand in der Lebensführung.

Charakteristisch ist für die Ritterzeit und die gleichzeitige Periode der Kreuzzüge der offenbar nicht ohne morgenländische Einwirkung aufgekommene Gebrauch der Bäder, welcher den heutigen verhältnismässig überragte, aber dafür auch das damals wenig oder nur ungenügend geübte Waschen ersetzte (s. oben S. 77). Man badete vorzugsweise warm und in Wannen, die meist in die Schlafzimmer, bisweilen aber auch in den Garten gestellt wurden; doch hatten grössere Burgen eigene Badezimmer. Damals wohl weniger als im 14. und besonders in dem sittenlosen 15. Jahrhundert badeten Männer und Frauen zusammen. Man liebte es, sich mit einem Reisigbüschel (Queste) den Leib zu streichen. Eigentliche Dampf- und Schwitzbäder kamen wohl erst nach den Kreuzzügen auf, und zwar in öffentlichen Badestuben, in denen zugleich Rasieren, Haarschneiden, Schröpfen, Aderlassen u. s. w. besorgt wurde. Mönche scheuten das Baden, und auch von frommen Frauen, z. B. der heil. Elisabeth, wird dies berichtet. War indessen keine Gelegenheit zum Baden, so wusch man sich wenigstens recht gründlich.

Weibische Männertracht.

Frauen pflegten ihr Haar sorglich, und es fehlte nicht an Toilettengegenständen: Kämmen, Bürsten und Spiegeln; letztere, bereits von Glas und rund, wurden nicht aufgehängt, sondern in elfenbeinerne Kasten gelegt. Vornehme Damen liessen die Toilette von Dienerinnen besorgen. Junge Damen trugen das Haar frei herabhängend oder in Zöpfen und einen Blnmenkranz darauf oder ein Gebénde (Kopftuch mit Band unter dem Kinn) oder ein seidenes Netz um das Haupt. Ältere Frauen bedienten sich oft falscher Haare und trugen

gewöhnlich einen Schleier, Fürstinnen aber eine Art Diadem.
Zum Schutze gegen die Sonne (und wohl auch den Regen)
dienten Hüte. Die Männer trugen öfter Hüte (junge auch
Kränze), sie scheitelten das Haar, und vom Ende des 12.
bis Ende des 14. Jahrhunderts liessen ihrer viele Z ö p f e
wachsen. Herzog A l b r e c h t III. von Österreich (1365—95)
stiftete sogar eine Gesellschaft der Zopfritter, welche den
Zopf in einer Metallscheide trugen. Der B a r t wurde oft
geflochten, seit dem 12. Jahrhundert aber vorwiegend geschoren.

Frauenhaartrachten.
Nach Viollet-le-Duc, Mobilier, III, 188.

Jene Zeit war bereits reich an Mitteln, die Gesichts-
farbe zu verschönen; auch S c h m i n k e n gab es, aber nicht
haltbare. Männer, die dieser Mode huldigten, wurden ver-
achtet. Beide Geschlechter der höheren Stände trugen feine
weisse H e m d e n, die vornehmen Damen seidene mit Gold-
und Perlenstickerei. Beide liebten auch lang herabhängende,
prachtvolle Ä r m e l, und die R ö c k e beider waren, abgesehen von den vielfach angefochtenen S c h l e p p e n der
Damen, beinahe und oft ganz gleich lang, so dass auf
Bildern Frauen von unbärtigen Männern nicht immer leicht
zu unterscheiden sind. Die Knappen dagegen trugen kurze
Kleider.

Gegen Kälte schützte der über den Rock angezogene Surkôt (Überzieher); Frauen aber trugen ausserdem unter dem Rocke noch einen Pelz. Ein anderes Überkleid beider war die mit Pelz gefütterte Sukkenîe.

Herzog Albrecht III. von Oesterreich als Zopfritter.
Glasgemälde in der St. Erhardskirche zu Breitenau, Steiermark.

Das ärmellose Kursit trugen die Ritter über der Rüstung. Während die Frauen durch die schon damals viel angegriffene S c h l e p p e (derb «Schwanz» genannt) Extravaganz an den Tag legten, thaten dies die Männer durch die Jahrhunderte lang in der Mode bleibende «geteilte» Kleidung mit

verschiedenen Farben rechts und links oder der Länge nach.
Gegen Ende des 13. Jahrhunderts nahm das kunstvolle Sticken
der Gewänder, sowie der Luxus in allen Stücken überhand,
und die Zahl der verwendeten Stoffe wuchs ins Ungeheure.

Einen M a n t e l trugen zum Ausgehen und bei Festen
Männer und Frauen; hatte er eine Kapuze, so nannte man
ihn «Kappe»; diese diente besonders auf Reisen. Das eng
anliegende Beinkleid der Herren («bruoch») reichte nur bis
zu den Knieen; weiter unten wurde es durch die eigentliche
Hose, einen hohen Strumpf, fortgesetzt. Der S c h u h e gab
es verschiedene Arten; Stiefeln (aestivale) waren früher

Allegorische Figur der Supertia.
Nach Weiss, Costümgeschichte.

leichtere Fussbekleidungen, die erst später einen grösseren
Umfang annahmen. Schon gegen Ende des 11. Jahrhunderts
tauchen die närrischen Schnabelschuhe auf, um bis gegen
Ende des Mittelalters zu herrschen. Die Damenschuhe
waren feiner und mit Stickereïen verziert. Die Mode der
Kleidung war durchweg die französische. Zum S c h m u c k e
gehörten bei beiden Geschlechtern goldene Ringe als Arm-
bänder und Fingerringe, goldene Ketten um den Hals, kostbare Gürtel aus Edelmetall und Handschuhe, oft gestickte,
bei den Frauen überdies Gewandnadeln, Ohrenringe und
Tücher.

Ausserhalb der Festlichkeiten ging in der Ritterzeit auch auf den Burgen die E r n ä h r u n g in ziemlich geregelter Weise vor sich. Es waren, wie es scheint, überall zwei tägliche Mahl-

Frauentrachten.

zeiten gebräuchlich. Die erste derselben, unser Frühstück, damals nach französischem Vorgange «disner» genannt, folgte der Frühmesse, mit welcher das Tagewerk der Ritter begann.

Die Stunde dieses Mahles scheint zwischen 7 und 9 Uhr geschwankt zu haben. Wahrscheinlich begann aber schon damals die fortwährend weitere Hinausschiebung der Mahlzeiten (schwankt ja heute das «Diner» zwischen Mittag und später Abendstunde). Das damalige Frühmahl war nicht frugal, sondern bestand aus Fleischspeisen, meist Wildbret und Geflügel, Brot und Wein. Das zweite Mahl, dessen Zeitangaben zwischen 3 und 6 Uhr schwanken, war noch reichlicher, und solide Leute liessen ihm gleich das Schlafengehen folgen. Wie es scheint, waren die Ritter das Gegenteil von Vegetariern und überliessen die Gemüse den Bauern und der ärmeren Geistlichkeit, scheinen daher auch die Fasten nicht streng beobachtet zu haben, welche wohl lediglich im Fischgenuss bestanden, also nicht viel Enthaltsamkeit erforderten. Sogar das Fleisch der Haustiere trat gegen das Wildbret und Geflügel zurück. Von letzterm liebte man

Schuhe.
Nach J. Quicherat, Histoire du costume en France.

besonders Gänse-, Tauben- und Hühner-, noch mehr Kapaun-, vor allem aber den heute verschmähten Pfauenbraten, später auch den Reiher, von ersterm Hirsche, Rehe, Wildschweine und Hasen.

Pasteten waren sehr beliebt, und man füllte sie gern zur Überraschung der Gäste mit lebenden Vögeln und anderen unerwarteten Dingen, was auf ihren Umfang schliessen lässt. Gewürze wurden stark verwendet, besonders Salz und Pfeffer; reichliche Tunken fehlten nicht. Brot und Käse waren unerlässlich, Kuchen und Torten sehr häufig; mit Obst aller Arten schloss die Mahlzeit. Die Dichter der Zeit lassen durch ihre ausführliche Darstellung der Mahlzeiten darauf schliessen, welche Wichtigkeit diesen beigelegt wurde. Natürlich waren bei festlichen Gelegenheiten die Gänge viel zahlreicher und

die Speisen ausgesuchter, als an der täglichen Tafel, wovon
Beispiele in zahlreichen Werken zu finden sind (z. B. in
des Verfassers deutscher Kulturgeschichte 2. Aufl., Bd. I.,
S. 346).

Natürlich bewirkten die stark gewürzten Gerichte grossen
Durst, und dem wurde damals gehörig Rechnung getragen,
wenn auch noch nicht in dem Masse wie im 15., 16. und 17.
Jahrhundert. Bier, Met, Lît (Obstwein), besonders aber Wein
spielte eine grosse Rolle im Ritterleben; man trank vorzugsweise französische, italienische und seit den Kreuzzügen auch
griechische Weine. Auch die Damen waren im Trinken keines-

Festtafel.
Nach Gautier, chevalerie.

wegs schüchtern. Die geringeren einheimischen Weine, welche
nicht nur im Süden, sondern auch in ganz Norddeutschland
wuchsen, verbesserte man ihrer Säure wegen durch Honig
und Gewürze. Solche Kunstweine waren: der Piment, der
Clâret oder Lutertranc, der Glühwein u. s. w. Ein ähnliches
für Kranke bestimmtes Getränke hiess Hippokras (nach
Hippokrates).

Die Speisetische bedeckte man mit weissen Tüchern, die
bei Reichen gestickt und mit Gold- oder Silberborten besetzt
waren. Hatte man (bei grossen Festessen) im Saale nicht

Platz, so tafelte man im Freien. Auf die Tische kamen zu
allgemeinem Gebrauch grosse Schüsseln und Salzfässer, für
jeden Teilnehmer kleinere Schüsseln (statt unserer Teller),

Speisetafel.
Nach Gautier, chevalerie.

Messer und Löffel. Gegen die Gabeln verhielt man sich
noch lange ablehnend und bediente sich der Finger. Silber-
geschirr schmückte die Tafeln der Grossen; besonders
beliebt waren Tafelaufsätze in Gestalt von Jagdtieren. Den

Speisetafel.
Nach Gautier, chevalerie.

Wein schenkte man aus Kannen und Krügen in die Becher
der Gäste, die aus Glas, kostbarem Holz und den ver-
schiedensten Metallen bestanden, auch oft mit Edelsteinen

und erhabener Bildarbeit verziert waren. In Seegegenden hatten sie gern die Gestalt von Schiffen. Vor und nach dem Essen wusch man sich die Hände in goldenen und silbernen Waschbecken. Der Truchsess beaufsichtigte mit seinem Stabe das Gastmahl und wies allen ihre Plätze an; Fürsten speisten allein oder mit ihren Gemahlinnen an einem besondern Tische. Sonst sass der Wirt zu oberst und der Platz neben ihm war der Ehrenplatz. In früherer Zeit speisten die Geschlechter getrennt; seit dem Aufkommen der galanten Neigungen aber waren die Teilnehmer am Mahle gemischt. Die Bedienung besorgten dann Edelknaben bei den Damen, junge Mädchen

Salzfass aus Alabaster.

(die am Hofe lernten) bei den Rittern. Wir wissen nicht, war es das öftere Vorkommen ungeschliffener Manieren oder die Vorliebe für ihr Gegenteil, was die damals oft aufgesetzten Anstandsregeln bei Tische ins Leben rief, — vielleicht beides.*) Die Unterhaltungen bei Tische sind bereits (oben S. 77) erwähnt; nach grossen Festtafeln liebte man oft zu tanzen oder unterhielt sich mit Erzählungen, Gesängen und Spielen. Ehe man zur Ruhe ging, erhielt man noch den Schlaftrunk.

---

*) Siehe dieselben bei Schultz, höf. Leben, Bd. I, S. 335 ff.

7. Verkehr und Reisen, Totenbestattung.

Reisen zum Vergnügen und zur Erholung kannte man im Mittelalter nicht. Was die Leute von einem zum andern Orte führte, waren bei allen Ständen nur die Wallfahrten, wozu bei den Kaufleuten Geschäftsreisen, bei den Rittern

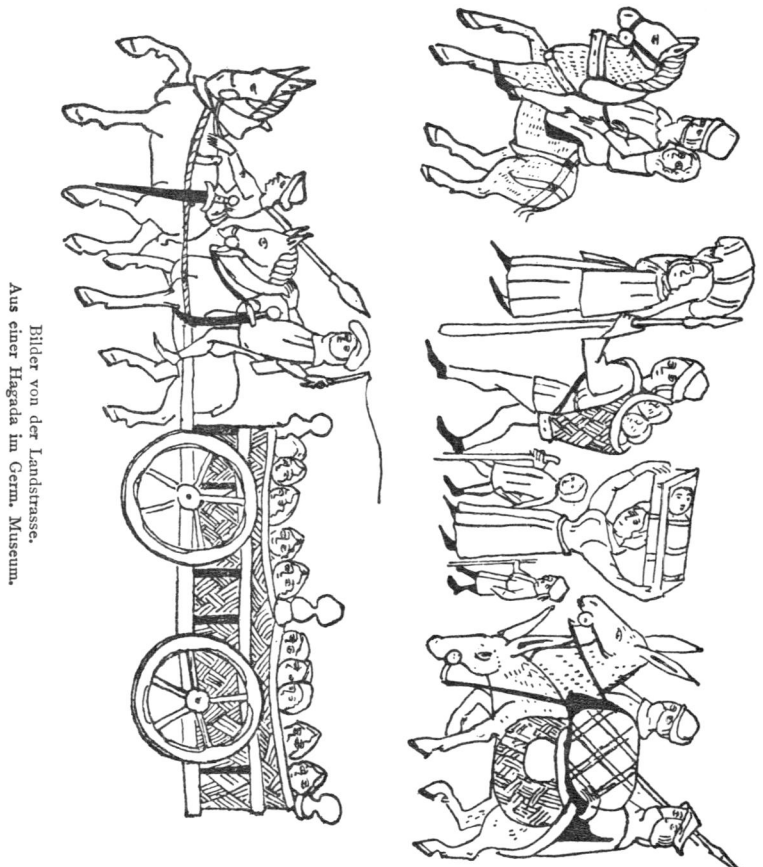

Bilder von der Landstrasse.
Aus einer Hagada im Germ. Museum.

und ihren Dienstleuten aber Kriegszüge und Besuche von Festen oder bei Befreundeten kamen.

Die Wege und Strassen waren damals ebenso schlecht wie unsicher. Ohne kriegerisches «Geleite» war es, ausgenommen für Pilger und Bettler, die nichts zu verlieren hatten, unmöglich zu reisen, und selbst das Geleite schützte nicht immer gegen vornehme und geringe Räuber, obschon die Herren der Länder für Gewährung eines solchen eine Abgabe bezogen. Überdies hatten sie ein Interesse am schlechten Zustande ber Strassen, da sie auf die Grundruhr, d. h. auf jeden von einem Schiff, Pferd oder Wagen auf die Strasse, in den Fluss oder an das Ufer herabfallenden Gegenstand Anspruch erhoben. Trotzdem waren die Strassen sehr belebt. Da zogen die Fähnlein der Ritter zum Geleite, zur Wegelagerung, zur Fehde oder zum Turnier, die Rotten der ritterlichen und städtischen Knechte, oft mit Weib und Kind, die Scharen der Kreuzfahrer, die singenden und betenden Pilger, Boten aller Art, Fronbauern mit Baumaterial für Burgen, Kirchen und Klöster, Karawanen der Kaufleute mit Geleite, Gaukler, Musikanten, Tierführer, Bettler und andere fahrende Leute, hausierende Juden, Bettelmönche, Handwerksburschen, entlassene Landsknechte, Strolche und allerlei Gesindel ihren Weg.

Bild von der Landstrasse.
Aus einer Hagada im Germ. Museum.

Am schlimmsten waren die Kaufleute daran, besonders wenn ihr Geleitsherr mit dem Landesherrn in Fehde lag; auch waren sie mit den Zöllen belastet, von denen die Ritter sich frei wussten (Fährleuten über die Flüsse aber mussten beide Stände ihren Lohn entrichten). Da die Kaufleute bewaffnet und oft stattlich genug waren, konnte man sie mit Rittern verwechseln.

Die häufigste Reisegelegenheiten waren: Reiten für Ritter und Zufussgehen für Pilger, fahrende Leute u. s. w. Wagen wurden noch selten benutzt und waren sehr primitiv (etwa wie Leiter- oder höchstens Planwagen). Der Kutscher sass auf dem Sattelpferd. Damen oder alte Herren reisten oft in Sänften oder auf Maultieren. Am vornehmsten war es immerhin, zu Pferde zu reiten. Mit den Sätteln wurde viel Luxus getrieben. Sie waren oft von schön geschnitztem Elfenbein, mit Filzdecken und diese mit Zeugdecken bekleidet,

die Steigbügel, Zügel und Gebisse von Gold oder Silber in
Gestalt von Tieren, das Lederzeug mit Gold beschlagen und
mit silbernen Schellen behängt. Rüstige und junge Damen
reisten ebenfalls am liebsten zu Pferde und hatten dann noch
eleganteres Reitzeug. Sie mussten aber, wollten sie Sicherheit und guten Ruf bewahren, männliche Begleitung haben,
was natürlich zu romantischen Abenteuern Anlass gab.

Einkehr hielt man bei Bauern, Förstern und Einsiedlern,
in Klöstern und Burgen und in den primitiven Gasthäusern
der Städte. Auf längere ungastliche Strecken nahm man
Proviant mit, und in diesem Falle bivouakierte man nicht selten

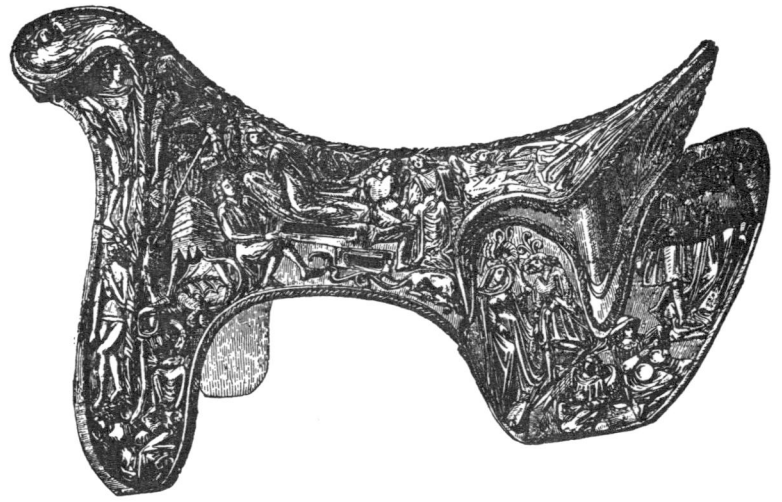

Sattel.

im Freien. Das Gepäck wurde auf Saumtieren mitgeführt,
welche Trossknechte leiteten und bewachten.

Aber aller Glanz des Rittertums schützte nicht vor der
letzten Reise, der in das Jenseits! Ja, die vielen Strapazen
und Anstrengungen der Ritter bei Turnieren, Fehden, Kriegs-
und Kreuzzügen trugen das ihrige dazu bei, dass das Lebensende durchschnittlich früher eintrat, als dies bei einem ruhigen
Leben der Fall gewesen wäre. Es kann angenommen werden,
dass für einen Ritter jener Zeit das Alter von 50 Jahren
schon ein unerwartet hohes war, und dass höhere Alters-

jahre zu den seltenen Ausnahmen gehörten. In der Regel
konnte gewiss ein Ritter, dessen Augen ein halbes Jahrhundert
gesehen, auf seine Waffenthaten nur noch zurückblicken, und
weil krank oder schwach, sich auf den Altenteil seiner Burg
zurückziehen, während seine Söhne an seine Stelle traten
und seine Enkel bereits auf eine ritterliche Laufbahn voraus-
blickten. Die Dichter lassen ihre königlichen Helden stets
zu Gunsten ihres eben vermählten Sohnes oder Schwiegersohnes
zurücktreten und sich frommen Übungen hingeben; in Wirk-

Ritter und Dame rastend. (Lacroix.)

lichkeit aber widmeten sich die Könige ihrem hohen Berufe
bis zum Lebensende, und ein Friedrich Barbarossa starb als
Greis inmitten seiner Pflichterfüllung auf gefahrvoller Reise
nach dem fernen Osten. Auch die Bussübungen der dichterischen alten Helden waren in Wirklichkeit nicht so ernst.
Die Zeit war zu wild, um allzu gewissenhaft zu sein, und
vieles, was in den blutigen Fehden oder in bunten Liebes-
abenteuern geschah, wurde nicht sehr schwer genommen.
Die Selbstgeisselung, die noch im 11. Jahrhundert neben
Wallfahrten mit blossen Füssen gewöhnlich war, spielte im

12. und 13. keine Rolle mehr, und es war schon viel, wenn
Fürsten und Ritter in zerknirschter Stimmung das Sakrament
nahmen und sich in einem Mönchsgewande, in dem sie auch
starben, bestatten liessen.

Auch ohne Kriegsereignisse oder Altersschwäche konnte
der Tod, lediglich durch die Unfähigkeit der damaligen Heil-
kunde, selbst höhe Personen abrufen. Als im Jahre 1194 die
Ärzte es nicht wagten, dem bei einem Turniere verwundeten
Herzog L e o p o l d V. von Österreich das gebrochene Bein zu
amputieren (von Einrichten war, wie es scheint, gar keine
Rede), setzte er ein Beil an dasselbe und liess von seinem
Kämmerer mit einem Hammer darauf schlagen, so dass das

Trossknecht.
Nach Schultz, höf. Leben.

bereits brandige Glied abgetrennt wurde, der Herzog aber
das Leben einbüsste.

Da die Fürsten und andere vornehme Leute oft, ja fast
immer auf der Fahrt waren und namentlich jene keinen
dauernden Wohnsitz hatten, weil ihre Besitzungen und die
Orte ihrer Thätigkeit sehr zerstreut lagen, so geschah es oft,
dass, wenn sie auf Reisen irgendwo starben, wo sie nicht
beigesetzt werden konnten oder sollten, Verlegenheiten entstanden. Da half man sich dann, wenn auch nicht immer
mit Erfolg, dadurch, dass man den Körper öffnete, die Ein-
geweide, auch Herz, Gehirn und Augen, herausnahm, diese

Teile besonders bestattete, statt ihrer Spezereien (Myrrhen, Aloe u. s. w.) hineinthat und den Leib nach dem Erbbegräbnis oder demjenigen brachte, das der Tote dafür bestimmt hatte. Die Operation wurde aber oft sehr roh gemacht und fiel nichts weniger als balsamisch aus. Starb ein solcher Hoher aber dort, wo er schicklicher Weise bestattet werden konnte, so wurde seine Leiche feierlich und prächtig aufgebahrt. Auf der nämlichen Bahre (von Elfenbein oder Ebenholz) wurde der Tote unter Begleitung von Lampen und Kerzen

Ritter, das Abendmahl nehmend.
Nach: La chevalerie et les croisades.

tragenden Angehörigen in die Kirche gebracht und dort meist 2 Tage und 2 Nächte mit einer Totenwache ausgestellt, Könige mit der Krone uuf dem Haupte und in Seidenstoffe gehüllt. Dann wurden vornehme Personen in einem meist steinernen Sarge verwahrt und in das dazu bestimmte Gewölbe niedergelassen.

Bei dieser Ceremonie wurden meist von den Leidtragen-

den Klage- und Jammertöne ausgestossen. Viele Personen
zerrissen die Kleider, rauften das Haar aus, rangen die
Hände, zerkratzten das Gesicht, zerschlugen die Brust u. s. w.
Es scheint, dass zu letzterm Zwecke Klageweiber angestellt

Totenwache.
Nach Gautier, chevalerie.

waren. Aber auch sonst war jene Zeit, ungeachtet man sich
aus den Menschenleben weniger machte als heute, viel
schneller zum Weinen und zu Ohnmachten bereit, als die
unsrige.

Oft wurden die Leichen hoher Personen weit fortgeführt, um an einem schon früher bestimmten Orte, den sie selbst oder die Angehörigen gewählt hatten, bestattet zu werden.

Transport der Bahre. (Demmin.)

Totenklage. (Kugler.)

So wurde König Rudolfs I. Gattin A n n a, die 1281 in Wien starb, merkwürdiger Weise in einem buchenen, mit Eisen

beschlagenen Sarge mit 40 Pferden nach Basel geführt und
dort im Münster bestattet. Es begleiteten sie 4 Mönche,
drei Wagen mit Edelfrauen und 400 Mann Geleitstruppen.

Eine Steinplatte oder ein Denkmal bezeichnete die Stelle
der Einsenkung, meist mit kurzer Inschrift, und die Waffen
des Toten wurden darüber am Gewölbe aufgehängt. Als ein
noch würdigeres Denkmal galt ein über der Grabstätte

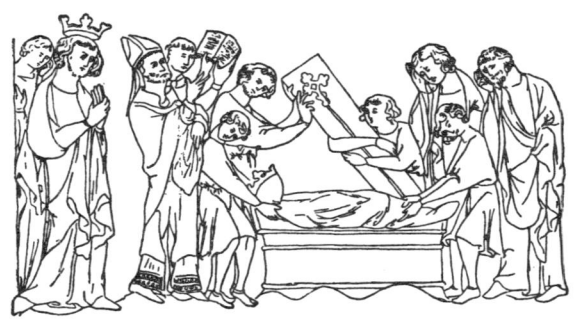

Fürstliche Bestattung.
Nach Schultz, höf. Leben.

errichteter Bau, Tumba genannt, in Form eines Sarkophags,
oft mit dem darauf liegenden, bald aus Stein gehauenen, bald
in Erz·gegossenen Bilde des Toten, das ursprünglich bemalt
und vergoldet, oft nur ein Phantasiebild ohne Ähnlichkeit
mit dem Verstorbenen war, namentlich wenn es längere Zeit
nach dem Tode gefertigt wurde. Man schützte es oft mit
einem Gitter gegen Beschädigungen.

Grabmal Heinrichs des Löwen und seiner Gattin Mathilde in Braunschweig.

An den Jahrestagen des Todes wurde das Grabmal oft mit Teppichen geschmückt. Vielfach aber begnügte man sich mit der einfachen Tumba nicht, sondern errichtete über ihr einen Baldachin oder noch mehr, — eine Grabkapelle. Solche sind jedoch keine erhalten, sondern nur in augenscheinlich übertriebenen Schilderungen mancher Gedichte erwähnt.

Vierter Abschnitt.

Das ritterliche Wehrwesen

1. Rüstung und Bewaffnung.

Waren die im vorigen Abschnitte geschilderten Momente des friedlichen Lebens der Ritterwelt auch noch so eigenartig, — die hauptsächlichste Bethätigung der Ritter war und blieb doch die praktische Beschäftigung mit den Waffen. Nur durch d i e s e konnte der Ritter Ruhm erlangen,

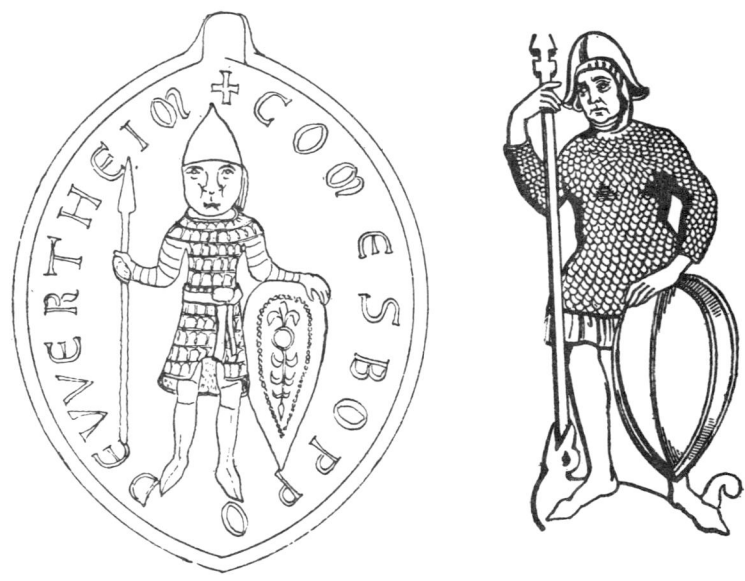

Schuppenharnische.

nur durch sie der eigentlichen Bestimmung seines Standes gerecht werden. Derjenige wurde gering und als des Ritternamens unwürdig geachtet, der nicht so viel als immer möglich sich an Fehden, Turnieren und Kriegszügen beteiligte. — Um daher zu diesen Waffenthaten nicht untüchtig zu werden, übten sich die Ritter, wenn zu solchen keine Gelegenheit war, gleich den das Waffenhandwerk lernenden Knaben und Jünglingen, im Bogenschiessen, Speerwerfen, Fechten, Ringen, Wettlaufen und Steinschleudern, so oft wie möglich.

Für die Ritter waren daher die Waffenschmiede das wichtigste und schätzbarste Gewerbe, und die rittterlichen Dichter veschmähten es nicht, sie in ihren Werken zu feiern. Während der Kreuzzüge liebte man im Abendlande besonders die Waffen aus dem Morgenlande und aus dem arabischen

Rüstung mit Beinschienen. (Demmin.)   Waffenrock. (Demmin.)

Teile Spaniens. Später machten sich auch die Meister Deutschlands, Frankreichs und des christlichen Spaniens einen bedeutenden Namen.

Sowohl der komplizierteste Teil der ritterlichen Ausrüstung, als derjenige, der am nächsten mit der Kleidung zusammenhing, war der P a n z e r oder H a r n i s c h (eigentlich Harnasch, auch Stritgewant, Sturmgewant, Wicgewant, d. h. Kriegskleid).

Diese für unsere Begriffe unbequeme und seit Einführung der Feuerwaffen unnütze, obschon noch Jahrhunderte neben

ihnen getragene Gewandung unterscheidet sich scharf von
der gleichzeitig im Frieden getragenen, deren Länge für den
Waffendienst untauglich war, durch ihre Kürze. Sie hat
indessen im Laufe der Zeit verschiedene Gestalten angenommen, die aber nicht. so auf einnander folgten, dass eine
die andere ablöste, sondern zum Teile neben einnander her-
liefen. Ihr Gebrauch ist von den Römern auf die Völker
des Mittelalters übertragen worden, indem zunächst die
Lorica squamata, der S c h u p p e n p a n z e r, Eingang fand,

Helmzierde.

welcher das neunte und zehnte Jahrhundert hindurch vor-
herrschte. In jener Zeit war die Brünne, wie er meist genannt wurde, ein mit Horn- oder Metallschuppen oder Ringen benähtes Kleid aus Leder oder starkem Zeug. Im
elften Jahrhundert war der Halsberc, ein Geflecht von Stahl-
ringen in einer· bis drei Schichten, beliebter. Beide Formen
aber kamen bis in das 13. Jahrhundert vor.

    Der Panzer wurde nach Ablegung der Oberkleider über
die Unterkleider (Hemd und Wams) angezogen. Zu diesen
gehörten auch das Huffenier und das Senftenier, eine Art
Schutzpolster für die Hüften und den Unterleib. Die auch
den Fuss umschliessenden Beinkleider waren meist von der-

selben Zusammensetzung wie der Waffenrock und hingen an
einem Gürtel, dem Lendenier; bisweilen bestanden Rock und
Hosen aus einem Stück; oft aber waren letztere nicht gepanzert. Die Unterschenkel deckten Eisenschienen (Schin-
neliere), die Füsse starke Schuhe, die Schultern das gefütterte,
meist seidene Spaldenier, den Hals
das Kollier. Ein Waffenrock aus
leichterm Stoffe wurde früher meist
unter dem Halsberc getragen, seit
dem 13. Jahrhundert aber mehr über
ihm, und war dann bei Vornehmen
aus kostbaren Stoffe, mit Gold und
Seide gestickt. «Härsenier» hiess
eine Art Kapuze, die am Halse
des Halsberc hing. Diesen verzierten reiche Ritter mit Gold-
borten. Auch die Arme wurden,
wie die Beine durch Schienen
(Armeisen oder Meuseniere) geschützt. Schon zur Zeit der Kettenpanzer trug man über diesen noch
Brustplatten, wie sie später im
Einklange mit der Gesamtrüstung
getragen wurden. An den Händen
sassen lederne, mit Ringen und
Eisenblechen benähte Handschuhe.
Den Kopf umschloss ausser dem
Härsenier die Ventaille, die den
untern Teil des Gesichts bedeckte.
Darüber kam eine Eisenhaube,
Huot oder Beckenhaube genannt,
und erst über diese (beinahe un-
glaublich) der Helm! In früherer
Zeit deckte er nur den obern

Gepanzerter Ritter. (Demmin.)

Teil des Kopfes und erhielt mit der Zeit ein vorne daran
heruntergehendes, die Nase schützendes Eisenband. Der Helm
bestand aus Metallspangen, zwischen denen Horn-, Leder-
oder Metallplatten lagen, oft aber ganz aus Metall (Eisen

oder Stahlblech). Gegen Ende des 12. Jahrhunderts erhielt
er die hässliche Form eines Topfes; das Nasenband wurde
zu Anfang des 13. Jahrhunderts zu der sogenannten Barbiere
verbreitert, die das ganze Gesicht bedeckte und nur eine
Spalte oder Löcher für die Augen offen liess. Bald danach
wurde der Topfhelm über den ganzen Kopf heruntergezogen

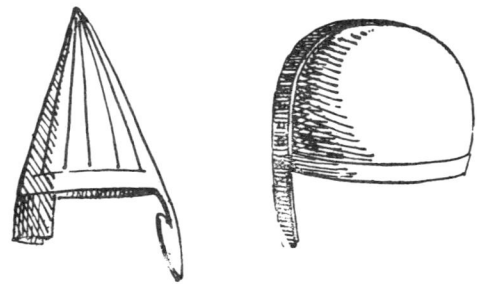

Helme des 11. Jahrhunderts. (Demmin.)

und die Barbiere als besonderes Rüststück mit Luftlöchern
versehen. Beide bildeten aber auch oft ein Stück, das
Helmfass. Gegen Ende des 13. Jahrhunderts wurde der
Helm oben schmäler und erhielt kurz vor 1300 eine gewölbte
Kuppe, welche ihm von da an blieb, so lange er Bestand
hatte. Schon diese vollständige Einhüllung des Kopfes
musste zu der herrschenden Beseitigung des Bartes führen,
der dabei nur hinderlich gewesen wäre.

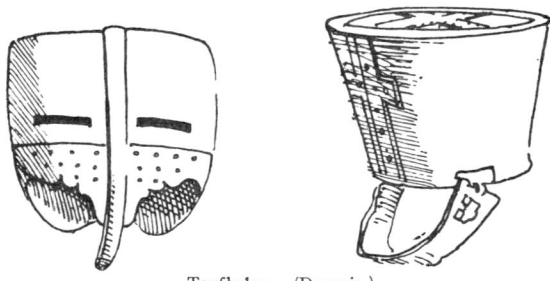

Topfhelme. (Demmin.)

Wollte man Aufwand treiben oder sich in der äusseren
Erscheinung. auszeichnen, so verzierte man den Helm mit
Edelsteinen, goldenen Inschriften oder gemalten Bildern.
Die wirksamste Ausschmückung aber war die Helmzier oder

das Zimier, nämlich die Hauptfigur des Wappens, die oben auf dem Helme befestigt wurde. Sie bestand aus verschiedenen Stoffen, aus kostbaren wohl nur bei ungefährlichen Festlichkeiten. Es waren z. B. Kronen, Adler, Löwen, Greife, Drachen, Pfauenfedern u. s. w. Den Helm befestigte man mit Schnüren oder Ketten unter dem Kinn.

Der Wert der Rüstungen war sehr hoch; es werden solche von 50,000 Mark erwähnt, was 2 Millionen heutigen Mark gleich käme! Dabei waren sie beengend, schweiss-

Schildform.

treibend und schwer, störten den Atem, das Gesicht und das Gehör, und waren mühsam anzulegen, fast nie ohne fremde Hilfe. Ihr Gewicht betrug oft 30 Pfund und mehr. Es kam vor, dass Ritter darin vor Hitze und Luftmangel erstickten. Sie wurden daher ausschliesslich im Kampfe getragen. Ebenso legte man wohl die als Anhang zur Rüstung geltenden Sporen, die meist von Silber oder vergoldet waren, nur an, wenn man zu Pferde stieg. Sie bestanden zuerst nur aus Stacheln, erhielten aber im 13. Jahrhundert Räder.

Zur Rüstung gehörte, wenn schon nicht mit ihr zusammenhängend und früher als sie aufgegeben, der S c h i l d.

Er war von Holz, mit Leder überzogen, mit Eisen be-
schlagen und mit einem Buckel in der Mitte versehen. Auf
der innern Seite hatte er ein Band, an dem er um den
Hals gehängt wurde, und Riemen, an denen ihn die linke
Hand festhielt. Im 12. Jahrhundert waren die Schilde 3—4
Fuss hoch, dreieckig und gewölbt; später wurden sie kür-
zer, abgerundet und oft flach. Man hängte sie in Friedens-
zeit an der Saalwand, bei Belagerungen als Zeichen des
Widerstandes an den Mauerzinnen, im Kriege vor dem
Lagerzelten auf. In der spätern Zeit der Schellentracht
hängte man auch Schellen an die Schilder. Zum Schutze

Schwertform.

der auf ihnen angebrachten Wappen (von denen weiter unten
die Rede sein wird) umhüllte man sie mit dem Hulft, einer
Art Überzug.

Unter den Angriffs- und Verteidigungswaffen war die
hauptsächlichste das S c h w e r t; es war unter allem, was
zur Ausrüstung des Ritters gehörte, am unzertrennlichsten
von ihm; denn er trug es beständig, selbst im Hause, wenn
nicht umgürtet, doch in der Hand oder unter dem Arme.

Die Schwerter der Ritterzeit waren zweischneidig und
hatten in der Mitte zwischen beiden Schneiden eine Rinne
(«Blutrinne») später deren zwei, oft auch mit Gold einge-
legte Figuren oder Inschriften. Die Deutschen führten

schwerere und längere Schwerter als die Franzosen, und oft zweihändige, d. h. mit beiden Händen zu fassende, deren Griffe dann länger waren. Letztere waren mit Vorliebe aus Gold oder Silber und mit Edelsteinen besetzt. Das Schwert ruhte, wenn nicht gebraucht, in der hölzernen, mit Leder überzogenen, bei Vornehmen aber oft goldenen und mit Edelsteinen verzierten Scheide, und wurde an Lederriemen getragen. Daneben wurde meist noch ein D o l c h geführt, der aber so wenig als echt ritterlich galt wie der Streit-

Lanze mit Fahne.

kolben, die Kriegskeule, der Morgenstern, der Kriegsflegel, die Kriegssense, die Kriegssichel, die Gläfe (kurzer Speer mit Widerhaken), die Kriegshippe (solcher in Beilform), der Streithammer, die Hellebarde und die Streitaxt. Anders die L a n z e , die notwendig zur Ritterschaft gehörte und aus dem hölzernen Schafte und der eisernen Spitze (glavîe, glevîe) bestand.

In gefährlichen Kämpfen gebrauchte man oft dreikantige Lanzenspitzen, welche schwere Wunden verursachten. Oft war der Schaft bemalt und die Spitze mit Einlagen verziert.

Letztere konnte abgenommen werden, was bei den Turnieren geschah. Bei diesen und im Kriege trug die Lanze kurz vor der Spitze ein Fähnchen mit dem Wappen des Rittters, oft von bedeutender Länge und aufgeschlitzt. Wurfspiesse waren nur in früherer Zeit gebräuchlich nnd ohne Fahne.

Ausgerüsteter Ritter.

Die Vollendung der ritterlichen Erscheinung wurde durch das R o s s dargestellt, stets ein vom gewöhnlichen Pferde unterschiedenes, besonders starkes Tier. Man liebte es aus dem arabischen Spanien und aus Ungarn zu beziehen. Auch die Rosse wurden durch eine aus Eisenringen bestehende Decke gepanzert; unter ihr lag eine gewobene, über ihr eine sammtene mit Wappenbildern und Schellen behangene Decke Den Kopf des Tieres schmückte eine Stahlplatte (testière).

So war die Gesamterscheinung des Ritters, wenn schon eine schwerfällige und oft bizarre, doch im Ganzen eine imposante und malerische.

2. Die Wappen.

Mit den Waffen und insbesondere mit dem Schilde hängen die Wappen (ursprünglich und im Niederdeutschen noch jetzt das gleiche Wort mit Waffen) zusammen, d. h. die Kennzeichen der Ritter, die vorzugsweise auf dem Schilde, aber auch auf dem Helm, dem Waffenrock, der Fahne und der Pferdedecke angebracht waren, und zwar teils in Malerei oder Stickerei, teils in erhabener Arbeit, auch in aufgelegtem Pelzwerk oder Leder.

«Seit undenklicher Zeit*) bedienten sich alle Völker, selbst die Wilden, gewisser Erkennungszeichen, sei es um ihren Stamm, ihre Familie, anzuzeigen, sei es, um ihre Personen auszuzeichnen. Die Tätowierung der oceanischen und anderer Völkerschaften ist nichts anders als eine Art von Wappenzeichnung. Bei den alten Hebräern hatte jeder Stamm ein Feldzeichen von Wolle, Leinwand oder Seide. Nach Homer bedienten sich die Griechen ähnlicher Zeichen bei der Belagerung von Troja. Nach Pausanias war auf dem Schilde des Aristomenes ein Adler ausgehauen, und Vergil berichtet von gemalten Schilden, welche auch Cäsar bei den Galliern und Tacitus bei den Germanen erwähnen.

«Die als Kennzeichen des Adels gebräuchlichen Wappen aber, mit ihren bestimmt aufgestellten Regeln, kamen in Europa kaum vor dem elften Jahrhundert, namentlich aber seit dem Beginn der Kreuzzüge vor.

«Als das Feudalwesen zwischen den Herren und ihren Dienstmannen geordnet wurde, begründete es den Gebrauch, durch verschiedene Ausschmückungen, meist in auffallenden Farben, die Schilde und Feldzeichen zu unterscheiden, um den Truppen während des Kampfgewühls Anhaltspunkte der Sammlung zu geben. Diese schmückenden Malereien, Anfänge des Wappenwesens, wurden anfänglich als Kenn- oder Merkzeichen (franz. connoissances, deutsch schon früh wâpen) bezeichnet. Sie waren um so notwendiger, als die Helme und

---

*) sagt das franz. Werk «la Chevalerie et les Croisades», meist nach Paul Lacroix, Paris 1887, p. 249 ff.

Ventaillen (s. oben S. 111) die Gesichter ihrer Träger vollständig verdeckten.

«In der Zeit ihres ersten Vorkommens in der Geschichte
dienten diese sehr einfachen Kennzeichen noch nicht zu den
komplizierten Ausmalungen der Familienwappen, welche die
Wissenschaft der Heraldik begründeten. Sie waren noch
eine ungezwungene Sache, die sich jeder nach Belieben an-
eignen konnte. Das Wappenwesen befand sich noch in
seiner Kindheit und kan.ite noch keine Grundsätze der
Neben- und Ineinanderstellung der verschiedenen Farben
und Metalle. Man nahm noch keinen Anstand, Farbe neben
Farbe und Metall neben Metall zu setzen, was die Heraldik
später verpönte; denn wahrscheinlich waren eben Gold und
Silber noch einfach gelbe und weisse Farbe. Jeder setzte
die Farben willkürlich zusammen und veränderte sie nach
Belieben.

«Vom Ende des 11. Jahrhunderts an begannen manche
Wappen, die bis dahin bloss Kennzeichen gewesen, erblich
zu werden, zuerst wohl in Frankreich und infolge der dortigen
weiten englischen Besitzungen, auch in England. Im zwölften
Jahrhundert vermehrten sich dann die feststehenden Wappen,
namentlich infolge der Kreuzzüge, in deren Verlauf viele
Farben, wie Azur, Purpur und Zinnober, wie auch manche
Pelzwerke aus dem Orient nach Europa eingeführt wurden.
Durch diese Unternehmungen kamen auch manche Wappen-
bilder in Gebrauch, wie das Kreuz, mit dem sich die Kreuzfahrer bezeichneten, die Muschel als Kennzeichen der Pilger,
der Anker als Wahrzeichen der Schiffahrt, die Delphine als
Vertreter des Meeres, die Wachteln und andere Zugvögel
als Sinnbilder des Reisens, die Strausse, Papageien, Löwen
und Leoparden als orientalische Tiere u. s. w.»

Im dreizehnten Jahrhundert waren die feststehenden
Wappen allgemein geworden und zwar nicht nur bei den Edelleuten; auch die Städte, Korporationen, Klöster, Stifte nahmen welche an. In Frankreich wurde die Wappenkunde
unter dem Namen «blason» ausgebildet (was ein vielleicht
keltischer Ausdruck für «Schild» sein mag). Man nannte sie
später «Heraldik» nach den Herolden, die aber erst nach

den Kreuzzügen erscheinen und eine Art nach langer Lehrzeit
(von 7—8 Jahren) geprüfter Beamten waren, welche einen
«Wappenkönig» (roi d'armes) an ihrer Spitze hatten. Der
letztere, vom König eingesetzt, hatte die Aufgabe eine Kon-
trole über die Edelleute des ihm zugewiesenen Gebiets und
ihre Wappen zu üben. Entstanden Zwistigkeiten in dieser
Beziehung, so übergab er den hierfür angestellten Richtern
die Ansprüche des Klägers und die Entgegnung des Beklagten
zur Beurteilnng.

Wappenkönig und Parteien vor den Richtern.
Aus König René's Turnierbuch, 15. Jahrh. (La chevalerie et les croisades.)

In ihrem glänzenden Aufzuge nahmen die Wappenkönige und Herolde als amtliche Würdenträger an allen Festlichkeiten teil; natürlich mussten sie in der Genealogie
aller edlen Familien durchaus bewandert sein. Sie bestimmten zuvörderst die Form des Wappenschildes. Der letztere
(franz. écu) war zuerst dreieckig, später viereckig mit ab-
gerundeten unteren Ecken. Die bei den Turnieren üblichen

«Stechschilde» hatten an der oberen rechten Seite einen Einschnitt, um die Lanze einzulegen.

Danach kam die Teilung des Schildes durch Linien, Balken, Pfähle, Kreuze in Felder und deren Bemalung oder Ausschmückung durch Metalle (Gold und Silber), Farben (rot, blau, grün, schwarz, später auch Purpur, sowie Naturfarbe von Menschen und Tieren) und Pelz oder Rauchwerk (Hermelin oder Grauwerk); später auch Feh oder Eisenhütchen, (eine Verbindung von Pelzwerk und Farbe); auch war die Damascierung beliebt. Nicht immer kamen Figuren in die Felder; wenn es aber der Fall war, so hatten sie eine bestimmte Bedeutung z. B. ein Schlüssel zeugte von einer übergebenen Burg oder Stadt, ein Turm von Einnahme einer solchen, ein Schiff von einer Seefahrt. Der Löwe bedeutete Grossmut, das Lamm Sanftmut, der Hahn Wachsamkeit, der Adler Herrschaft, die Taube Liebe, der Schwan

 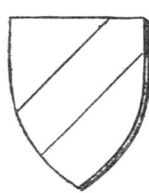  

Wappenteilungen.

langes Leben, der Pelikan Aufopferung, Fische, besonders Delphine, Seesiege u. s. w. Sehr oft aber ist die ursprüngliche Bedeutung verloren gegangen, oft auch die Figur mit der Zeit entstellt worden. Die Lilie der Könige von Frankreich z. B. ist vielleicht ursprünglich der fränkische Speer, die Franziska, diejenige von Basel ein Bischofsstab. Doch durften Tiere und Pflanzen ja nicht naturgetreu, sondern nur in einer gewissen Verschnörkelung auf den Wappenschilden figurieren.

«Am Ende des 13. und im 14. Jahrhundert hatte die Wappenkunde ihre Blütezeit. Sie war damals eine Bildersprache, welche jedermann sprach und verstand. Die Wappen spielten überall eine Rolle, bei den Toten wie bei den Lebenden, da sie den Schmuck der Grabmäler und Grabschriften bildeten. Sie wurden gezeichnet, gemalt, gestickt, eingegraben oder ausgehauen, in den Schlössern, wie in den bescheidenen Behausungen, auf den Schwellen der Thore, auf den Thüren, den Möbeln, den Fensterscheiben, den Kaminen, den

Wappen der Dauphins.
(Demay.)

Siegel der Schildmaler in Erfurt.

Teppichen und sogar den Windfahnen, sowie auf den Kleidern der Herren, Damen, Kinder und der Dienerschaft, auf den Pferdedecken, den Halsbändern der Hunde und den Kappen der Jagdfalken. «Die Schildmaler (schhiltaere) waren für die

Vollständig ausgebildetes Wappen, das der Anna von Bretagne, Königin von Frankreich.
Anfang des 16. Jahrhunderts.

Ritter ein ebenso gesuchtes Gewerbe wie die Waffenschmiede; berühmt waren die in Köln und Mastricht.

Gegen das 13. Jahrhundert hin kam der Gebrauch auf, über den Wappenschild den Helm zu setzen und diesen mit

dem Helmschmuck oder Zimier (oben S. 112 f.) zu krönen. Seit
dem 14. Jahrhundert erscheinen die Schildhalter (Löwen,
Greife, wilde Männer, Engel, Mohren, Ritter u. s. w) auf
einer oder auf beiden Seiten des Schildes. Erst in der Mitte
des 15. Jahrhunderts begann man den üblichen Kriegsruf als
Wahlspruch oder Devise über das Wappen zu setzen, und
als die Kriegsrufe ausser Übung kamen, schuf man neue
Devisen, besonders gern lateinische.

Ein schlichterer Gebrauch der Wappen, als auf den
Waffenstücken, nämlich ein solcher ohne Farben, war der
auf den Siegeln, die indessen statt des Wappens oft auch
bloss das Wappentier, den Schutzpatron, oder das sehr frei
behandelte Bild des Inhabers, das einer Burg, Jagdscene
und dergl. darstellten (s. oben S. 86 f.).

Eine besondere Art der Siegel mit oder ohne Wappen
bildeten die oft auf der Rückseite der eigentlichen Siegel
angebrachten Geheimsiegel, auf denen der Name des
Besitzers fehlte, oft aber ein Wahlspruch stand.

Geheimsiegel.

Siegel mit Wappen.

Siegel mit Schutzpatron.

3. Die Fehden und gerichtlichen Zweikämpfe.

Wir haben bereits (oben S. 19) auf das Fehde-Unwesen als auf eine der Ursachen der Entstehung des Rittertums hingewiesen. Das letztere hat jedoch keineswegs, wie man von einer Erscheinung feinerer Kultur erwarten sollte, den Fehden ein Ende gemacht; es hat sie lediglich in der Zeit seiner Blüte ihres roheren Charakters entkleidet, aber selbst ihrer genug veranlasst, um seinem Thatendurst Genüge zu leisten, und in der Zeit seines Verfalls hat es geradezu die Fehdelust in ihrer furchtbarsten Gestalt wieder entfesselt.

Abgesehen von den inneren Kämpfen der alten Germanen, welche einen ganz andern Charakter hatten als die mittelalterlichen Fehden, indem jene zwischen ganzen Stämmen oder Völkern entbrannten, diese aber nur zwischen einzelnen Herren ausgefochten oder gar von solchen gegen Wehrlose angehoben wurden, nahm das mittelalterliche F e h d e w e s e n seinen Ursprung in der Zeit der langsamen Auflösung des fränkischen Reiches nach dem Tode Karls des Grossen. Am Ende des neunten Jahrhunderts hatte es bereits eine erschreckende Höhe erreicht, wurde dann zwar unter der kräftigen Herrschaft Heinrichs I. und Ottos des Grossen unterdrückt, brach aber nach dem Hinscheiden des letztern von neuem aus. Der Adel ging dabei mit dem schlimmstem Beispiele voran, und im elften Jahrhundert trat ein neuer Höhepunkt dieses Greuels ein. Tausende von Kriegern kamen in den blutigen Fehden der Herzoge von Lothringen und der Grafen von Holland um. «Die Städte wurden entvölkert», jammert ein Geschichtschreiber im Jahre 1015, «die Dörfer und Höfe eingeäschert, die Wälder und Gärten verwüstet, die Weinberge ausgerodet, Krieg, Hungersnot, Pestilenz und Feuer rafften das Volk massenweise hin. Viele Edelleute verarmten und kamen an den Bettelstab, und die Gotteshäuser standen ringsum verödet.» Dabei beteiligten sich nicht nur weltliche Grosse, sondern auch Bischöfe, Äbte und Äbtinnen, wie die von Gandersheim und Kemnade, so auch weltliche Frauen wie die berüchtigte Gräfin Adela, die mit ihrem Gatten Balderich wütete, bis beide als Bettler verkamen. Es wurden damals ohne Bedenken ganze Familien mit Kindern in ihren Häusern dem Feuer übergeben. Ebenso aber ging es auch in Italien, Burgund und Frankreich zu, und es war dies die Zeit, der wir bereits (oben S. 19) gedachten. Es ist dort gesagt, dass der damals angebahnte «Gottesfriede» ohne nachhaltigen Erfolg blieb. Was dem

Zur Fehde eilende Ritter. (La chevalerie et les croisades.)

unglücklichen Kaiser Heinrich IV. nicht gelang, versuchten Bischof Heinrich von Lüttich 1081 und Erzbischof Sigiwin von Köln 1083. Der von ihnen eingeführte «Gottesfriede» verbot die Fehden vom Freitag bis Sonntag, an allen hohen Festen, in der Fasten- und in der Adventzeit, — bei Strafe der Exkommunication, der Verbannung und verschiedener Züchtigungen. Unter den Kaisern und Königen aus dem Hause der Staufer wurden die Zustände besser; aber nach-dem Friedrich I. Barbarossa seinen Kreuzzug angetreten, wurde die Ordnung wieder lockerer. Doch zügelte, wie gesagt,

das damals in seine Blüte eingetretene Rittertum die Fehdelust.
An den während dieser Zeit entbrennenden Fehden beteiligten
sich wohl weniger die ehrbaren Ritter aus Abenteuerlust,
als Schurken mit und ohne Ritternamen, die später noch
zahlreicher und furchtbarer werdenden R a u b r i t t e r, zum
Zwecke gewissenlosester Räuberei an den ersten Besten, die
sie trafen oder aufsuchten. Dadurch zwangen sie ehrbare
Ritter, die sie angriffen oder die den von ihnen Angegriffenen,
Gefangenen oder Misshandelten zu Hilfe kamen, zur Gegen-
wehr und hinwieder zu ihrer Züchtigung. Darin wohl meist,
doch oft gewiss auch in Kämpfen gegen Todfeinde oder
gegen Beleidiger der Ehre, bestanden die Abenteuer der
ehrbaren Ritter, soweit sie nicht einen an sich schon harm-
losen Zweck hatten, z. B. die Befehle einer verehrten Dame
oder die des Oberherrn auszuführen.

In solchen Kämpfen nun ging es natürlich auf Leben und
Tod. Blieb der Besiegte, d. h. der, welcher niedergeworfen
wurde, am Leben, so wurde ihm der Helm abgerissen und
der Dolch an den Hals gesetzt, und er musste dem Sieger
«Sicherheit» (franz. fiance), bieten, d. h. sich ihm gefangen
auf Gnade und Ungnade ergeben und sich von ihm in un-
veränderten Zustande, zerrissen und blutig, an den Hof zu
seiner Dame senden lassen, die über ihn verfügte (s. oben
S. 69). Verweigerte er aber die Sicherheit, so wurde er
getötet. War der Sieger ein Raubritter oder sonstiger Räuber,
so nahm er Ross und Rüstung des Überwundenen mit.
«Die Leiche blieb liegen, bis ein Mitleidiger sie begrub
oder Leute zu ihrer Bestattung herbeiholte. Wachte einer
bei dem Leichnam, zo zog er mit dem Schwert einen Kreis
um denselben, die «bösen Geister» zu bannen. War ein
Kirchhof nahe, so beerdigte man die Leiche auf ihm; die
Rüstung aber wurde an einem Baum in der Nähe des Grabes aufgehängt.» (A. Schultz).

Es gab auch viele nicht ritterliche R ä u b e r, welche
bandenweise den Reisenden in Wäldern auflauerten und
sie überfielen, ausplünderten, misshandelten oder ermordeten.

Eine schon bei den alten Germanen übliche Art von
Fehde war der Z w e i k a m p f, der aber im fränkischen

Reiche der Merowinger in den Rechtsgang Aufnahme fand und zum Gottesurteil (Ordal) wurde. Als solche ging er auch in das deutsche Reich über. Sogar auf Reichstagen wurde er zur Entscheidung von Rechtsfragen angewandt. So liess Otto der Grosse 938 zu Steele zwischen einer Partei, welche den Enkeln, deren Väter gestorben, das Erbe der Grossväter bestritt, und einer andern, welche es ihnen zuwenden wollte, die Waffen entscheiden, und die Sache der

Darlegnug des Klägers gegen den Beklagten vor dem Richter.
(La chevalerie et les croisades.)

Enkel siegte, so dass ihre Oheime fortan mit ihnen teilen mussten. Derselbe Kaiser liess 967 durch den Reichstag in Verona auch für Italien den Zweikampf an Stelle des Eides einführen. So verfuhren auch seine Nachfolger.

In der Ritterzeit wurde der Zweikampf als das vorherrschende Ordal, ja das einzige eines Ritters wurdige betrachtet. Ehe man jedoch zu den Waffen schritt, versuchte man den friedlichen Weg vor dem Richter. Konnte der Kläger seine

Sache nicht dnrch den Eid als eine gerechte erweisen, so
wurde der Zweikampf angeordnet, der den Sinn hatte, dass
der Beklagte seine Unschuld durch ein Gottesurteil zu beweisen suchte.   Nach einigen Angaben warf der Kläger seinen
Handschuh als Herausforderung hin, und der Beklagte hob
ihn auf; nach anderen überreichte der Beklagte den Handschuh zum Pfande seines· Erscheinens am bestimmten Tage.

Schwur der Kämpfer vor dem Richter. (La chevalerie et les croisades.)

Überdies hatten beide Parteien Bürgen (parrains) zu stellen,
die für ihr Erscheinen einzutreten und im Falle ihres Aus-
bleibens an ihrer Stelle zu büssen hatten.   In Frankreich
wurden beide Gegner bis zum festgesetzten Tage im herr-
schaftlichen Gefängnis festgehalten.   Kam dieser Tag, so
schwuren sie, vollständig gewaffnet, vor dem Richter auf das
Crucifix und das Evangelium oder auf Reliquien, jeder, dass
seine Saehe gerecht und die des andern falsch sei, und dass er

— kein Zaubermittel (!) bei sich trage. Dann wurde alles zum Kampfe vorbereitet.

In der Regel fand ein gerichtlicher Zweikampf nur auf die Anklage wegen todeswürdiger Verbrechen statt, und zwar wenn ein solches nicht bewiesen werden konnte, aber

Zweikampf zu Fuss. [La chevalerie et les croisades.]

doch Verdachtsgründe dafür vorlagen. Leute unter 21 und über 60 Jahren, Geistliche und Frauen konnten sich durch einen Kämpen (Champion) vertreten lassen. Verschiedenheit des Standes schloss den Kampf nicht aus. Aber der Ritter, der einen Hörigen anklagte, musste wie ein Höriger kämpfen, mit Stock, Schild und in Lederkleidung. Klagte hingegen ein Höriger gegen einen Ritter, so kämpfte dieser als Ritter,

in Rüstung und zu Pferde. Knappen kämpften zu Fuss
mit Schwert und Schild, Bauern und Hörige mit Messer und
Stock.

Der Kampfplatz wurde mit festen Schranken umgeben,
um die Zuschauer von Einmischung oder Störung abzuhalten.
Für die Kampfrichter wurden Schaubühnen errichtet, auf
denen auch die vornehmen oder beteiligten Zuschauer Platz
fanden, und eine Wache wurde aufgestellt, welche die Parteien
in Schranken hielt; für Aufrechthaltung der Ordnung sorgten
die Griesswarte.

Zwischen den Kämpfern wurden Sonne und Wind gleich
geteilt. Die für den Beginn des Kampfes festgesetzte Stunde
war die des Sonnenaufgangs, und auf säumige Kämpfer
wartete man bis Mittag oder spätestens bis 3 Uhr Nach-
mittags. Kam dann der eine noch nicht, so wurde er verurteilt. Nach dem Sachsenspiegel sollten die Kämpfer nur
leicht gekleidet sein und nur ein Schwert und einen Schild,
dessen Buckel allein von Eisen sei, tragen. Dies wurde
aber von den Rittern nicht beobachtet, welche vielmehr in
voller Rüstung zu Pferde kämpften. Ein Ausweichen oder
Fliehen war durch die Schranken verhindert, und wenn der
eine Kämpfer abgeworfen wurde, so stieg auch der andere
ab, und sie kämpften zu Fuss weiter mit den Schwertern,
und zwar so lange, bis einer zu Boden fiel, den dann der
Sieger zur Ergebung, und wenn es der Beklagte war, zum
Schuldgeständnis aufforderte. Er konnte ihn auch sofort
töten.

Frauen hatten indessen das Recht, selbst den gerichtlichen
Zweikampf zu bestehen. Dabei war vorgeschrieben, dass
ihr Gegner bis zur Mitte des Leibes in einer Grube stehen
und sich nur eines Stockes oder Kolbens bedienen durfte.
Die Frau aber hatte einen Stein in einen Riemen oder in
ihren Schleier gebunden, womit sie kämpfte und den Gegner
zu umschlingen suchte.

Den Unterliegenden traf, wenn er am Leben blieb, die
Todesstrafe, die auf das Verbrechen gesetzt war, dessen er
angeklagt wurde oder den Gegner angeklagt hatte. War
aber der Beklagte auf die dritte Ladung nicht erschienen,

so stach der Kläger zweimal gegen den Wind, was als Sieg galt und die Verurteilung des Gegners zur Folge hatte. Seit dem Landfrieden von 1156 hatten zum gerichtlichen Zweikampfe nur noch die Nachkommen von Edeln ein Recht.

Stets war die Geistlichkeit gegen den Zweikampf als einen heidnischen Brauch, und zog die Ordalien des kalten und des heissen Wassers oder des glühenden Eisens vor. Zwar verboten Kaiser, wie Friedrich II., und Päpste, wie Innocenz III. (1215), alle Ordale, aber ohne Erfolg.

Es kamen auch gerichtliche Kämpfe von mehr als zwei Personen, kleine Treffen von gleichviel Kämpfern auf beiden Seiten vor, so 1351 in Ploërmel von 30 Bretonen gegen 30 Engländer, und 1499 bei Trani von elf Franzosen, unter ihnen der berühmte Bayard, gegen elf Spanier. Das waren aber seltene Ausnahmen. Seit dem 16. Jahrhundert kam der Zweikampf als Rechtsmittel ausser Übung und wurde zur sog. Privatehrensache.

---

4. Die Turniere.

Waren die Fehden im gerichtlichen Zweikampfe zu einem Rechtsmittel geworden, so nahmen sie in den Turnieren die Gestalt von Festen und Vergnügungen an. Allerdings verloren sie in beiden Veranstaltungen ihren wilden und blutigen Charakter nicht, wurden aber ungefährlicher, indem dabei keine Ländereien verwüstet, keine Häuser verbrannt, keine Frauen und Kinder getötet wurden, und selbst die beteiligten Ritter bei weitem nicht jene Gefahr liefen, der sie im offenen Felde ausgesetzt waren. Es gehörte dies zu den immerhin bescheidenen Kulturwirkungen des Rittertums.

Die Turniere waren der wirksamste Anlass, sowohl die Ritter in der Übung der Waffen zu erhalten, als auch sämtliche Vorzüge des Rittertums, Mut und Gewandtheit, wie auch die Pracht der Gewänder, Rüstungen und Waffen, vor aller Welt im glänzendsten Lichte zu zeigen und die Bewunderung der ritterlichen Eigenschaften der Teilnehmer herauszufordern. Wenn auch, wie genugsam bezeugt ist, ritterliche Waffenspiele ´germanischen Ursprungs sind und schon im 9. Jahrhundert (das erste bekannte 811 in Barcelona) vorkommen, so stammten doch, wie bereits (oben S. 19) gesagt, die geregelten Turniere aus Frankreich, wo sie im 11. Jahrhundert entstanden.

Das erste bekannte deutsche Turnier im eigentlichen Sinne fand 1127 in Würzburg statt. In England beförderte diese Übungen erst Richard Löwenherz und nahm keine Rücksicht darauf, dass die Päpste Innocenz II., Eugen III., Alexander III. und Cölestin III., alle im 12. Jahrhundert, sie verboten hatten; denn es lag ihm daran, dass seine Engländer hinter ihren Landesfeinden, den Franzosen, in der Handhabung der Waffen nicht zurückblieben. Er setzte auch einen Tarif fest, welcher bestimmte, wie viel, ihrem Range gemäss, die Ritter für ihre Teilnahme an Turnieren bezahlen sollten (Grafen 20, Barone 10, Ritter mit Landbesitz 4, ohne solchen 2 Mark Silber, jede damalige Mark zu 40 jetzigen gerechnet). Auch in Frankreich und Deutschland wurden die kirchlichen Verbote nicht beachtet, obschon diese den Fehlbaren den kirchlichen Bann androhten und denen, welche bei Turnieren fielen, ein christliches Begräbnis verweigerten. Ohne Erfolg verboten die französischen Könige Ludwig IX., Philpp III., IV. und V. die Turniere.

Veranstaltet wurden die Turniere von Fürsten und Grafen an Orten ihres Gebietes, und waren ebenso wohl ein grosses Fest, als eine Vorübung für den Krieg; denn die Ritter, die sich dabei auszeichneten, hatten Anspruch auf eine hervorragende Stelle im Heere, wenn es Ernst galt. Überdies lächelte ihnen die Gunst des Fürsten und der Frauen.

Es gab indessen verschiedene Waffenspiele, die vom eigentlichen Turnier mehr oder weniger abwichen. Das unschädlichste davon, das (s. oben S. 56) auch zu den Übungen der die Ritterschaft erlernenden Jugend gehörte, war der Buhurt. Es wurde dabei ohne Rüstung mit Speeren gestossen, bald zur Übung, bald zum Vergnügen. Ähnliche Spiele, die aber nicht näher bekannt sind, waren das Glücksspiel und die

Tafelrunde. Dem eigentlichen Turnier näher standen schon die Kampfspiele, zu welchen einzelne abenteuernde Ritter einander oder andere herausforderten. In solchen Unternehmungen ragte der tolle Ritter Ulrich von L i c h t e n s t e i n hervor, ein deutscher Don Quijote, der nicht wie dieser erdichtete Spanier n a c h, sondern als ein wirklicher Ritter w ä h r e n d der Ritterzeit selbst lebte. Als ‹Frau Venus» gekleidet «in weissem Gewande und mit fliegenden Zöpfen» streifte er (1227) zwischen Böhmen und Venedig umher, gab jedem Ritter, der einen Speer an ihm breche, einen goldenen Ring für seine Dame und dem, der ihn warf, seine Pferde und verlangte vom Besiegten nur, dass er sich Ulrichs Dame zu Ehren nach allen vier Winden verneige. So verstach er 307 Speere und brauchte 271 Ringe. Es gab aber noch mehr solcher Käuze. Ritter Waldmann von Setilstete versprach 1226 jedem, der ihn besiegte, eine Jungfrau, einen Zelter und einen Sperber, die er mit sich führte, und überdies seinen Panzer und verlangte vom Besiegten einen Ring für sich und einen für die Jungfrau, welche mit ihrem Erlös nach der Heimkehr alle Hofdamen in Eisenach beschenkte. Moritz von Graon fuhr mit seinem Schiff auf Rädern durch Frankreich nach Schloss Beaumont, dessen Herrin er liebte, besiegte ihre Ritter im Turnier und schenkte das Schiff den fahrenden Leuten und Bettlern.

Ein Herr, welcher ein Turnier veranstaltete, liess dies durch Boten ausrufen oder lud durch Briefe dazu ein. Dabei wurde der erste Preis (die «aventiure») namhaft gemacht. Dieser bestand oft in einem Tier, z. B. einem Bären, einem Falken, ein paar Windhunden, oder in einem Kranz, einem Gürtel und einer Tasche oder gar in — Küssen mehrerer Damen. Die Dichter nennen bisweilen als Preis die Hand einer reichen Erbin. Die Hauptsache aber war den Rittern stets die mit der Siegerschaft verbundene E h r e. Ausserdem wurden Bedingungen festgesetzt, mit welchem Lösegeld ein Überwundener sein Leben zu erkaufen habe. Als solche Lösungen wurden wohl Ross und Harnisch, aber auch grosse Geldbeträge bis auf 1000 Mark Silber (40,000 heutige Mark) genannt. Fürsten nahmen dies Lösegeld für ihre Gefolgsleute auf sich; aber es gab Abenteurer, sog. Landfahrer, meist jüngere erblose Söhne, welche auf solche Beträge spekulierten und ein Geschäft daraus machten, wie die Athleten der alten Griechen oder heutige Schützen.

Zu einem Turnier strömte herbei was konnte, jüngere Ritter in Menge mit den besten Waffen und Rossen, zur thätigen Teilnahme, ältere als Zuschauer (es gab jedoch solche, die noch mit 80 Jahren turnierten), und Damen als Zuschauerinnen im prächtigsten Schmucke.

An fahrenden Leuten aller Art (S. 44 f.), Kaufleuten mit ihren Buden, Bettlern und neugierigem Volke, war niemals Mangel. Fürsten wurden von Truppen begleitet; ja sie nahmen ganze Heere mit (es werden solche bis auf 30,000 Mann genannt). Sehr oft war das Turnier mit einem andern Feste verbunden, z. B. einer Krönung, fürstlichen Hochzeit, feierlichen Einzügen von Siegern. Es scheint, dass Wappenschilde der Kampfrichter als eine Art Eintrittskarten ausgeteilt wurden. Dies besorgten die Herolde und Wappenkönige. Ehe dieses Amt ausgebildet war, riefen Abenteurer (Landfahrer), die man dazu herbeizog und reich belohnte, und die man Krier, Krojierer (Ausrufer) nannte, die Namen der teilnehmenden Ritter und ihren Ruhm aus.

Ungemein prachtvoll war der Einzug eines grossen Herrn in die Stadt, wo ein grösseres Turnier stattfand.

Ihm voran ritten Schildknappen, Edelknaben mit Falken, Musikanten, Ritter zu hunderten; hinter ihm zog seine Mannschaft einher.

Oft waren die Städte zu klein, alle Gäste, welche herbeiströmten, zu beherbergen, und ihrer viele mussten mit dem Obdach von Zelten vor den Mauern vorlieb nehmen. Die Herren und Ritter, welche Herbergen fanden, pflanzten vor denselben ihre Banner und hängten ihre Schilde auf, und es entwickelten sich dieselben lärmenden und farbenreichen Scenen wie bei anderen Festen und «Hochgezîten» (s. oben Seite 72 f.). Es war zugleich der passendste Anlass für Freunde und Bekannte, von einander Nachrichten zu erhalten.

Verteilung der Wappenschilde.

Schon ehe der bestimmte Tag erschien, begann als Vor-
spiel zu dem Turnier das mehr private Tjostieren, darin
bestehend, dass einzelne Ritter einander herausforderten und
völlig gerüstet, aber mit stumpfen Lanzen, deren Spitze durch
eine gezackte Platte (das Krönlin) ersetzt war, auf einander los-
ritten und die Speere an den Schildern der Gegner brachen
oder gar diese aus dem Sattel warfen. Dies hiess «poynder»
oder «puneiz», das Verfehlen des Gegners aber «failieren»; es
gab aber noch besondere Kunstausdrücke für die verschiedenen
Stösse. Die gebrochenen Speere wurden sofort durch neue

Tjostieren. [Demmin.]

ersetzt, deren man daher ganze Vorräte haben musste, welche
die Ritter entweder auf Wagen mitnahmen oder vom Veran-
stalter des Festes erhielten und sich durch ihre Knechte
reichen liessen. Ulrich von Lichtenstein verbrauchte (1224)
am Turnier bei Friesach in zwei Tagen ihrer 55. Bezeich-
nender Weise wurde ein solcher Kämpe ein «waltswende»
(Waldverschwender) genannt. Der Sieger nahm das Pferd,
bisweilen auch die Rüstung des Besiegten an sich, der noch
dazu verspottet wurde. Auch gab es oft schwere Verwundungen, sogar Tötungen von Rittern und Pferden. Das

Tjostieren hatte seine Zeit meist am Vorabend des wirklichen Turniers (Vesperîe), und sein Ende wurde bei Sonnenuntergang durch Trommeln und Trompeten verkündet.

Waren nicht alle Ritter durch das Tjostieren kampfunfähig geworden, so folgte am Haupttage des Festes,

Einzug eines Herrn zum Turnier.

wenigstens für die noch Unverletzten, das eigentliche Turnier. Dies war nun nicht mehr ein Einzelkampf, sondern ein Massengefecht, wobei jeder seinem Freunde gegen dessen Widerpart zu Hilfe eilen konnte. Wurden dabei die Lanzen zerstossen, so bediente man sich in Frankreich stumpfer Schwerter, in Deutschland und England aber der Streitkolben

(«Brügel» oder «Bengel»). Man schied sämtliche Teilnehmer
in zwei Parteien, welche gleich stark sein sollten, aber nicht
immer waren, da oft die Teilnehmer sich willkürlich ver-
teilten, indem sie zu ihren Bekannten oder Landsleuten hielten. Jede Partei hatte einen oder zwei Befehlshaber und zählte
oft bis auf drei- oder vierhundert Ritter. Es kam vor, dass

Tod Heinrichs II. von Frankreich in einem Turnier.

ein König oder Fürst, wenn er die von ihm begünstigte
Partei zu schwach fand, das Turnier untersagte. Jedenfalls
aber verbot der Fürst von vorn herein jede Feindseligkeit,
die aus Rache von den Besiegten an den Siegern verübt
werden konnte. Wer nicht Ritter war, wurde von der Teilnahme ausgeschlossen.

Dem Turnier ging erst eine Messe und nach dieser ein stärkendes aber mässiges Frühstück voraus, worauf die Krojierer oder Herolde zur Rüstung riefen. Den Kampfplatz bildete ein ebenes Feld bei einer Stadt, deren Mauern und Türme als Galerien für die begünstigten Zuschauer dienten, für welche bei weiterer Entfernung Schaubühnen errichtet wurden, während das neugierige Volk durch Schranken vom Betreten des Kanpfplatzes abgehalten wurde. Musik und der Aufritt der Teilnehmer gingen dem Turniere voran; Herolde riefen die Namen der bedeutendsten Teilnehmer aus; die Ritter nahmen ihren Platz ein, riefen ihr Feldgeschrei und ritten auf einander los. Vom Feldgeschrei der einzelnen

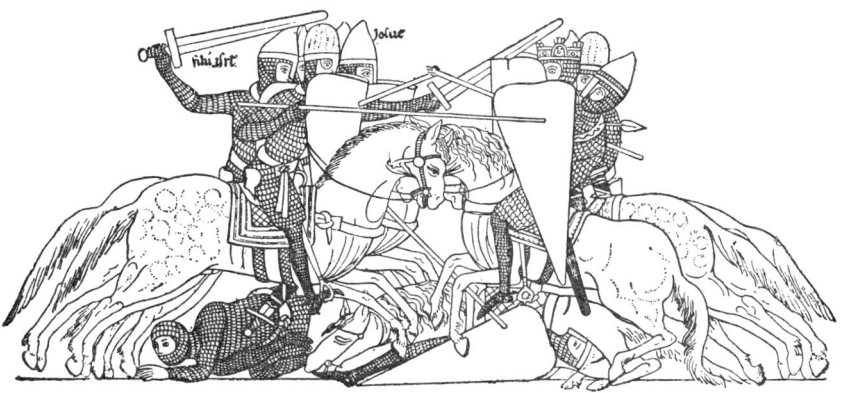

Turnier. (Gautier, chevalerie.)

sind die von verschiedenen erhobenen Kampfrufe zu unterscheiden, welche bei den Deutschen z. B. lauteten: «zâ zâ, hera her, spera sper, slacha slach, hurta hurt, stich unt stich, wicha wich, wurra wei!» Manche auch riefen ihre Geliebten an. Die Rosse der Abgeworfenen wurden von den Knappen der Sieger weggeführt, die eingebüssten Rüststücke den fahrenden Leuten und den Herolden überlassen; die erschöpften begaben sich ausserhalb des Gewühls, die Verwundeten wurden hinweggeleitet oder weggetragen und verpflegt, die Toten auf Bahren gelegt.

Denn ohne Verlust von Menschenleben ging es wohl selten ab. Man konnte nicht nur erschlagen werden, sondern auch durch den Sturz vom Pferde sterben oder durch Hitze

und Staub ersticken. In Neuss geschah dies 1241 hundert
Rittern. Selbst Fürsten und andere hohe Herren wurden bei
Turnieren getötet, so 1186 in Paris Gottfried Plantagenet,
Sohn Heinrichs II. von England, 1234 bei Nimwegen Graf
Florenz IV. von Holland, 1238 sein Bruder Wilhelm, 1258
sein Sohn Florenz bei Antwerpen, 1268 Markgraf Johann
von Brandenburg zu Merseburg, 1279 Wilhelm von Dam-
pierre zu Trazignies, 1290 in Nürnberg Prinz Ludwig von
Baiern, 1294 bei Bar-sur-Aube Herzog Johann von Brabant.
Auch mit dem Tode aber war es für die Anschauungen
jener Zeit nicht abgethan. Die (oben S. 132) erwähnten
kirchlichen Strafen waren nicht immer blosse Drohungen,
sondern das christliche Begräbnis wurde oft thatsächlich den
im Turnier Gefallenen verweigert, was indessen durch Reue
vor dem Tode, Anlegung eines Mönchsgewandes und reiche
Spenden an eine Kirche oder ein Kloster abgewendet werden
konnte. Der oben genannte Graf Florenz IV. von Holland
wurde in einem Wäldchen ohne kirchliche Weihe begraben.

Die Sieger sandten ihre am Leben gebliebenen Gegner
an ihre Damen, welche sie mit oder ohne Lösegeld freilassen
konnten; sie wurden feierlich als Sieger verkündet, erhielten
ihren Preis, den Turnierdank, der aber bisweilen nicht vorhanden war, nahmen zur Erholung ein Bad und begaben
sich zur Ruhe. Welche Ehren ihnen blühten, ist bereits
gesagt; durch Freigebigkeit gegen die Herolde und fahrenden
Leute vermehrten sie ihren Ruhm noch. Die Besiegten aber
hatten zum Schaden noch den Spott und mussten nicht
selten ihr Lösegeld bei Juden aufnehmen.

5. Die Kriege der Ritterzeit.

Im Zeitalter ihrer Blüte (d. h. im 12. und 13. Jahrhundert)
und zum Teil noch später bildete die Ritterschaft den Kern
der Heere. Es ist bereits (oben S. 18) gesagt, wie sie durch
das Feudalwesen zu dieser Stellung gelangte. Die alten Volksheere hatten in der Schlacht auf dem Lechfelde (955) gegen

die Magyaren zum letztenmale ihre Tüchtigkeit gezeigt.
Nach Italien zog Otto der Grosse schon nicht mehr mit dem
Heere alten Stils, welches nach und nach verschwand, sondern
mit ritterlichen Vassallen. Das Lehenswesen regelte nun
alles, wie im Frieden, so auch im Kriege; die Ausdrücke
«Vassall» und «Soldat» (miles) erhielten denselben Sinn.
Geübte Krieger traten gegen ein Beneficium in die Dienste
der Lehensherren; wenn sie sich tüchtig erwiesen, stiegen
sie zu Befehlshaber-
stellen auf. Die Könige
gingen den Vassallen
mit ihrem Beispiele
voran, bildeten sich
selbst kriegerisch aus,
und erschienen von
da an stets im Waffen-
kleide, was sich ja bis
auf die Gegenwart er-
halten hat.

Den Kern des
Heeres bildeten die
eigenen Vassallen des
Königs; danach kamen
diejenigen der Herzoge,
Grafen, Bischöfe und
Äbte. Jeder dieser
Würdenträger hatte
eine bestimmte Anzahl
von Streitern zu stel-
len, je nach seinem

Bogenschütze. (Demmin.)

Vermögen, und führte sie in der Regel selbst, die geistlichen
Herren, die nicht nur die Rüstung anlegten, sondern auch
selbst mitkämpften, nicht ausgenommen. Die höheren
Vassallen bildeten die schwere (gepanzerte) Reiterei, die
Leute der niedern das Fussvolk. Aber auch die Reiter
stiegen oft ab und kämpften zu Fuss.

Das damalige Heerwesen, dessen Hauptzüge im ganzen
Abendlande dieselben waren, kannte indessen noch keines-

wegs das, was man heute unter Disziplin versteht. Eine festgesetzte Dauer der Dienstzeit gab es wohl in Frankreich, wo sie auf 40 Tage festgesetzt (und auch beschränkt) war, nicht aber in Deutschland, wo jeder seinem Lehensherrn so lange diente als dieser wollte, und dieser wieder dem König oder Kaiser so lange er selbst es für gut fand oder, wenn es der Ordnung nach ging, so lange der Krieg dauerte. Auf den Römerzügen freilich war es nicht wohl möglich, das Heer zu verlassen, da der Abtrünnige im fremden und feindlichen Lande schlimmer daran war als der Botmässige.

Armbruztschützen. (Demmin.)

Doch zog keineswegs stets das gesamte deutsche Heer über die Alpen, sondern ein guter Teil bestand aus Nachzüglern. Vollständig sammelte man sich erst auf den roncalischen Feldern bei Placentia (Piacenza) am Po, wo die Ritter, welche Lehen hatten, bei dem König die Wache halten mussten. Wer dann überwiesen wurde, bei der Wache gefehlt zu haben, wurde von dem Fürsten zum Verluste seines Lehens verurteilt.

Noch schlimmer aber als in der Heeresfolge war der Mangel an Manneszucht im Felde. Die Verwüstung der im

Feindeslande durchzogenen Gegenden war damals und noch lange nachher ein unabänderliches Kriegsgesetz. Dass die Fürsten dies duldeten und sogar selbst übten, rächte sich auch im Frieden. Denn wenn ihre Dienstmannen nicht genügten oder nicht zuverlässig waren, nahmen sie ohne Bedenken sogar Räuber in ihren Dienst und mussten es geschehen lassen, dass diese unbeschäftigten wilden Söldner, oft schlechtweg «Reiter» oder Rotten genannt, in Frankreich Routiers (Strassen-

Kriegsflegel. (Demmin.)

leute), oder nach ihrer Herkunft Navarresen, Brabanzonen u. s. w., auch nach ihrer elenden Ausrüstung Ribaldi (etwa «Lumpen»), als Räuber das Land brandschatzten und ausplünderten, die Bewohner misshandelten und selbst in Kirchen und Klöstern empörenden Unfug verübten. Päpste und Concilien verhängten den Bann über sie.

Hinsichtlich der Zahl waren die Heere sehr ungleich, in der Regel in den Kreuzzügen zahlreicher als in den Römerzügen, und in diesen stärker als in inneren Kriegen. Kaiser Otto IV. hatte bei Bouvines (1214) über 1500 Ritter und 150,000 Mann zu Fuss unter seinem Befehle. Es darf angenommen werden, dass das Fussvolk gewöhnlich

Soldaten. (Demmin.)

zehn- bis hundertmal so stark war als die Reiterei. Geteilt wurde es in Legionen zu 1000 Mann.

Die Truppen wurden, da es keine stehenden oder auch

n:ur militärisch organisierte Heere gab, nicht zu bestimmten Zeiten und in einheitlicher Weise gedrillt; sondern die Leute, welche sich zum Waffendienste eigneten, wurden (von wem und auf welche Weise ist nicht bekannt) schon von Jugend auf im Laufen, Lasttragen, Schritthalten, Speerwerfen, Pfeilschiessen, Stein-schleudern, Bleikugelschlagen, Schwimmen u. s. w., die für die Reiterei bestimmten überdies im Reiten geübt. Wahrscheinlich sorgten die Ritter hierfür und wählten aus ihren Untergebenen die Tauglichen aus. Angeworbene Söldner erhielten natürlich Sold oder sollten ihn erhalten. Aber auch die Dienstmannen

Fahnenwagen. (Schultz.)

wurden oft durch Geschenke angefeuert. Jüngere erblose Ritteısöhne dienten freiwillig gegen Sold, Geschenke, Lehen oder Gestattung des Plünderns, ebenso auch alte aber noch rüstige Kriegsknechte.

Die im Kriege gebrauchten Waffen waren sehr mannigfach, und es waren in der Regel besondere Truppen-abteilungen, die sich der nämlichen Waffen bedienten. Mehr der älteren Zeit gehörten die Bogenschützen an, welche ihre Pfeile im Köcher trugen. Eine vorgeschrittenere Zeit (seit Ende des 12. Jahrhunderts) setzte die Armbrust (franz. arbalête, verderbt aus arcubalista, Wurfmaschine mit Bogen) an die Stelle des Bogens, welche Richard Löwenherz in Frankreich bekannt machte, seit dem 13. Jahrhundert aber besonders die Deutschen handhabten. Daneben gab es noch Schleuderer, Gerwerfer, Pikenmänner, Sensenmänner, Krieger mit Hellebarden, Streitäxten, Streithämmern, Beilen, Keulen, Kriegsflegeln und sogar mit Stöcken.

Neben diesen ihren Kampfwaffen trugen die Soldaten jener Zeit noch meist Schwerter, auch Messer oder Dolche.

Als Schutzwaffe dienten die Rüstung und der Schild. Erstere bestand bei den nicht ritterlichen Personen aus dem offenen Helm und einem Panzer, der oft die Beine frei liess, um den Fussmärschen nicht hinderlich zu sein. Den Schild konnten Schützen natürlich nicht brauchen. Meist war er kurz und hiess dann Tartsche. Über der Rüstung wurde der Waffenrock getragen und war vielleicht bei zusammengehörenden Truppen gleichfarbig. Eine wirkliche Uuiform, sei es in Rüstung oder Waffen, kannte das Mittelalter nicht.

Zur Sammlung der einem und demselben Heere angehörenden Krieger dienten daher teils Feldbinden, teils die F a h n e. Bei den Deutschen wurde die letztere dem Heere von einem Reiter voran getragen. Die Italiener zogen es vor, sie auf einem von Ochsen gezogenen Wagen (Carroccio, Heerwagen)

Zelte. (Schultz.)

an einem Mastbaum mit sich zu führen, was teilweise auch in den Niederlanden und England Nachahmung fand. Der Fahnenwagen hatte bisweilen eine Glocke, die das Zeichen zum vorrücken gab. Der Verlust dieses Wagens entschied auch den der Schlacht. Die Fahne war von Seide und enthielt den Schutzheiligen oder das Wappen des Fürsten, der entweder selbst den Oberbefehl führte oder einen Befehlshaber ernannte. Das Heer zerfiel in die Vorhut, den Gewalthaufen, zu dem die Ritter gehörten, und die Nachhut. Dazu kamen noch die Wagen und Packpferde mit Gepäck, Belagerungswerkzeugen, Zelten, Proviant u. s. w., dann lebendes

Schlachtvieh, der Tross, dabei Kaufleute, allerlei Leute die ihre Dienste anboten, liederliche Weiber u. s. w. Im Freundeslande entschädigte man die Bewohner für Lieferungen von Lebensmitteln u. a., im Feindeslande nahm man das Nothwendige und auch anderes gewaltsam. Im letztern schlug man für die Nachtzeit L a g e r auf, wobei die römischen castra als Vorbild dienten; die Zelte der Fürsten waren prachtvoll eingerichtet und ihre Fahnen davor aufgepflanzt. Die Ritter wohnten in Zeltgenossenschaften, welche ihre beim Alarm zu gebrauchenden Losungsrufe hatten, die wohl auch als Hilferufe dienten. Gehütet wurden die Lager durch Wachmannschaften aus Freiwilligen.

Spielleute. (Demmin.)

Die Manneszucht wurde durch K r i e g s v e r o r d n u n g e n aufrecht erhalten. Kaiser Friedrich I. erliess 1154 ein Gesetz, welchem wir folgende Bestimmungen entnehmen: Wer innerhalb des Lagers gegen einen Kameraden das Schwert zog oder gar ihn verwundete, verlor die Hand oder den Kopf. Ein Ritter, der Streit begann, kam um die Rüstung und wurde aus dem Heere gestossen. Ein Knecht wurde im gleichen Falle geschoren, geprügelt und gebrandmarkt, wenn ihn nicht sein Herr mit seiner ganzen Rüstung loskaufte; war die Schuld streitig, so konnten Kläger und Beklagter sich dem Gottesurteil des Zweikampfes unterwerfen. Ein Ritter, der einen Kaufmann beraubte, musste ihm das seinige zurückerstatten und schwören, dass ihm die Eigenschaft des Beraubten unbekannt gewesen. Wer in seiner Herberge ein

Weib verbarg, verlor den Harnisch und wurde ausgestossen, der Frau aber die Nase abgeschnitten. Ein Knecht, der im Rückfalle stahl, wurde gehängt, ein Brandstifter geschoren, geprügelt und gebrandmarkt, ebenso ein Kaufmann, der im Lager zu teuer verkaufte; dieser verlor zudem seine Waren. Leider fruchteten diese strengen Vorschriften zu denen auch noch solche über die Beute und die Jagd während des Krieges kamen, sehr wenig.

Es erinnert noch an alte Heldenzeiten, dass Ort und Zeit einer S c h l a c h t oft mit dem Feinde verabredet wurden. Wenn der dazu bestimmte Tag herannahte, so setzte man

Sichelwagen. (Demmin.)

emsig Rüstungen und Waffen in den dazu geeigneten Zustand, während der Feldherr mit seinem Kriegsrate den Schlachtplan entwarf. Über diesen, wie über das gesammte Kriegswesen schrieb der Cardinal Aegidius Colonna in seinem Buche vom Regiment der Fürsten eine ausführliche Anleitung. War das erforderliche beschlossen, so wurde das Heer in Schlacht-haufen (Rotten) geteilt, zu deren jedem meist Ritter und Fussgänger, im ganzen wohl einige tausend Mann, gehörten. Man wählte gern einen möglichst ebenen Platz zur Schlacht. Vor deren Beginn wurde eine Messe gelesen, und beim Vor-marsch, der in dicht gedrängter Schlachtordnung vor sich

ging, stimmte man den Schlachtgesang an und drang dann
mit dem Kriegsgeschrei vorwärts, welches Pauken-, Trommel-,
Hörner-, und Posaunenschall begleitete. Das Fussvolk begann
den Angriff, — die Reiterei folgte. Wollte man sich auf
die Verteidigung beschränken, so stellte und legte man
dem angreifenden Feinde in den Boden gesteckte Speere und
Fussangeln in den Weg. Den in einer Wagenburg unter-
gebrachten Tross schützte man oft durch an den Wagen
angebrachte Sicheln.

Schlacht. (Kampf Heinrichs VII. auf seinem Zug nach Rom.)
Aus dem Codex Balduins von Trier in Koblenz.

Über die Verluste in den Schlachten ist es schwer, zu-
verlässige Angaben zu finden. Die Geschichtschreiber des
Mitelalters liebten es, die Verluste ihrer Partei zu verkleinern
oder einfach zu leugnen und die der Feinde zu vergrössern,
und zwar geradezu ins Fabelhafte.

Die Sieger erfreuten sich an Banketten, Musik und Tanz.
Die Verwundeten erhielten aber mangelhafte Pflege (ob. S. 102).
Die eigenen Toten wurden bestattet, die feindlichen ver-
brannt. Auf dem Schlachtfelde errichteten die Sieger oft ein
Denkmal, oder gründeten ein Kloster. Gegen die Gefan-
genen verfuhr man meist grausam; sie wurden ausgeplündert,

misshandelt, oft sogar geblendet, geknebelt, fortgeführt, eingekerkert, ja gefoltert und nicht selten hingerichtet.

Vornehme Gefangene, die man in Ketten schmiedete, gab
man nur gegen Lösegeld oder andere Gefangene im Austausche
frei. Die Ausplünderung der Schätze und der Leiche des ge-
schlagenen Feindes wurde als ein Recht der siegreichen Krieger
betrachtet. Die Beute war oft eine höchst reiche, da man
allerlei Kostbarkeiten zum Gebrauche in den Lagern mitnahm.

Feiglinge und Verräter verfielen der Todesstrafe, oder
mussten, wenn die Schuld nicht klar war, im Gottesgericht
kämpfen. Treue und tapfere Männer aber erfuhren hohe Ehren.

Gefangener.

Es fielen ihnen oft kostbare Geschenke von Gold,
Silber, Gefässen, Gütern u. s. w. zu oder es wurde ihnen die
Ritterwürde angeboten. Im Verlangen von Kriegsentschä-
digungen waren die Sieger nicht schüchtern. Friedrich I.
forderte 1158 von Mailand 9000 (360,000 heutige) Mark. War
alles in Ordnung, so wurde das Heer entlassen.*)

6. Entwaffnung und Strafen.

So hoch der Ritter geachtet wurde, wenn er seinem
Stand Ehre machte, so wenig war er, wenn das Gegenteil

---

*) Bezüglich der Belagerungen, bei welchen die Ritter keine be-
sondere Rolle spielen konnten, verweisen wir auf das der gleichen Sammlung
angehörende Werk über die Kreuzzüge.

der Fall war, vor dem grausamen Strafrechte sicher, welches
damals seine Schrecken zu entfalten begann. Schon wenn
ein Ritter sich im Turnier gegen die Kampfgesetze vergangen
hatte, musste er dulden, dass ihm das Helmkleinod abge-
schlagen und der Helm vom Kopfe gerissen wurde. Wegen
geringerer Vergehen wurde er von der Tafel seiner Standes-

Entwaffnung eines Ritters. (La chevalerie et les croisades.)

genossen ausgeschlossen, und wenn er sich dennoch zu ihnen
setzte, das Tischtuch vor ihm zerschnitten.

Das furchtbare Schicksal der Leibes- und Todesstrafe
aber konnte einen Ritter aus zweierlei Gründen ereilen:
wegen Feigheit und wegen Verbrechen.

Ein der Feigheit, oder was die nämliche Wirkung hatte,
der Untreue, des Wortbruches oder Meineides überwiesener

Ritter wurde im blossen Hemd auf einem Gerüste ausgestellt und musste zusehen, wie seine Waffen und Rüstung
Stück für Stück zerbrochen und ihm zu Füssen geworfen
wurden. Man hieb seine Sporen von der Fussbekleidung
ab und warf sie auf einen Misthaufen. Seinen Schild band
man einem Ackerpferd an den Schweif, damit es ihn
im Staube fortschleife; seinem Pferde aber hieb man den
Schweif ab. Der Wappenherold rief dann dreimal: «Wer
ist da?» Und dreimal wurde darauf der Name des Schuldi-
gen genannt, worauf der Herold dreimal rief: «Nein so ist

Enthauptung. (Schultz.)   Strafe des Hängens. (Schultz.)

es nicht, es giebt hier keinen Ritter; ich sehe nur einen
Feigling, der sein Wort gebrochen hat.» Dann goss man
ihm heisses Wasser über den Kopf und zog ihn an einem
Strick vom Gerüste herunter. Auf einer Tragbahre weggeführt und in einer Kirche niedergesetzt, hörte der Schuldige
die Totengebete an, die für ihn angestimmt wurden. Darauf wurde er dem Henker übergeben und hingerichtet. Dies
geschah noch 1523 einem gaskonischen Ritter, welcher den
Spaniern Fontarabia übergeben hatte.

Wegen eigentlicher Verbrechen konnte der Schuldige

sowohl Verstümmelungen als die Todesstrafe erleiden. Ein Friedensbrecher oder Falschmünzer verlor oft die rechte Hand, ein Aufrührer die Füsse; verschiedene Verbrechen hatten Blendung oder Entmannung oder beides zur Folge; aber auch die Thronanmassung konnte dazu führen, selbst wenn sie ohne Thätlichkeit blieb. Die mildeste Todesstrafe war die Enthauptung; sie wurde gewöhnlich durch einen Ritter statt durch den Henker vollzogen. Gerädert wurden gewöhnlich die Mörder, so 1225 Graf Friedrich von Isenburg, der den Erzbischof Engelbert von Köln, und 1308 Rudolf von Wart, der mit anderen den König Albrecht ermordet hatte. Verschärft wurde die Todesstrafe durch Schleifung zur Richtstätte oder Vierteilung durch an Arme und Beine befestigte Pferde. Teils mit, teils ohne Verschärfung fand die Strafe des Galgens statt. Kaiser Friedrich I. liess 1155 zwölf gefangene Ritter durch einen dreizehnten, der dafür begnadigt wurde, bei Verona hängen. Ein Hochverräter wurde erst von Pferden zerrissen, dann gehängt (nicht bis zum Tode), geköpft, gevierteilt und endlich verbrannt. Heinrich VI. liess in Sicilien viele Empörer grausam hinrichten. Einem Kronanmasser wurde eine glühende Krone auf den Kopf genagelt. Auch Schinden und Pfählen kam vor, was man wohl im Orient gelernt hatte. Lebendig verbrannt wurden Ketzer, sog. Zauberer, Ehebrecher und Betrüger, die sich für hohe Personen ausgaben.

Fünfter Abschnitt.

Die ritterliche Dichtung.

1. Das volkstümliche Heldengedicht.

Wären die Fehden, die Turniere und die Kriege, die Jagd, das Spiel, das unmässige Trinken und die Missachtung der Ehe die sämtlichen Momente des Lebens der Ritter gewesen, — man wäre wirklich versucht, sie für geharnischte Barbaren zu halten. War aber schon das Familienleben der Burgen reich an edlen Zügen, so erhebt vollends die D i c h t u n g, welche im Zeitalter des Rittertums blühte, dessen Kultur auf einen höchst achtungswerten Standpunkt. Wir müssen hier vorzugsweise die d e u t s c h e Dichtung des 12. und 13. Jahrhunderts im Auge haben, welche damals diejenige aller übrigen christlichen Völker turmhoch üherragte, wenn auch der Stoff ihrer H e l d e n g e d i c h t e teilweise von anderen Nationen entlehnt war. Im allgemeinen muss aber bezüglich des Charakters dieses Stoffes gesagt werden, dass dieser niemals dem wirklichen Leben oder der wahren Geschichte, sondern durchweg einem Gemisch von mythischer Sage und missverstandener oder falsch aufgefasster Wahrheit entstammte. Der Charakter dieser Dichtung war daher, wie der des Rittertums überhaupt, ein romantischer und fantastischer. Man nannte die Heldengedichte «Romane», weil ihr Stoff meist den Sagenkreisen der romanischen Völker entnommen war, welche auch in Deutschland vielen Anklang fanden, doch ohne die einheimischen Sagen völlig in den Hintergrund drängen zu können.

Die deutsche Sprache hatte in ihrer mittelhochdeutschen Form seit der Mitte des 12. Jahrhunderts einen vollständigen Sieg über die bis dahin im Reiche des Christentums allein herrschende lateinische Zunge erfochten. So weit noch, meist von herumziehenden Sängern (Goliarden), die von Spielleuten begleitet waren, lateinisch gedichtet wurde, geschah es nicht mehr in antiken Versmassen, sondern in Reimen nach moderner Art und oft vermischt mit deutschen Versen, wovon noch heutige Studentenlieder Reste aufbewahrt haben. Seit der Regierung Kaiser Friedrichs I. jedoch wurde beinahe nur deutsch gedichtet. Die Anwendung unserer Sprache in Heldengedichten begann mit den Werken des «Pfaffen» (wie sich die Geistlichen damals selbst nannten) Lamprecht, welcher Alexander den Grossen, und des «Pfaffen» Konrad, welcher einen ebenso unhistorischen Karl den Grossen besang. Alle Heldengedichte aber, auch wenn sie im Altertum spielten, trugen das Gepräge des Mittelalters, und die Illustrationen dazu kleideten die antiken Helden ohne Bedenken in Ritterrüstungen. Waren die beiden genannten Epen noch Übersetzungen aus dem Französischen, so bewegten sich dagegen die unbekannten Verfasser des «Herzogs Rother» (d. h. des Langobardenkönigs Rotharis) und des «Herzogs Ernst» (dessen Leben der Zeit des Gedichtes nahe stand, den aber der Dichter nach fabelhaften Ländern ziehen liess) auf eigenen Füssen. In der Folge aber ging die Heldendichtung nach zwei verschiedenen Richtungen auseinander, nämlich einer deutsch-nationalen und einer christlich-kosmopolitischen. Erstere ist die ältere; sie arbeitete offenbar nach (verloren gegangenen) Mustern früherer Zeit; denn die Zustände, welche die ihr angehörenden Werke schildern, sind diejenigen früherer Jahrhunderte. Beide Richtungen wurden von weltlichen Dichtern gepflegt; der Heimat nach aber war der volkstümliche deutsche Heldensang mehr im sächsischen Nordwesten und im österreichischen Südosten zu Hause, wohin die romanische Einwirkung, die einen vorwiegend geistlich-ritterlichen Charakter trug, nicht so rasch und leicht zu dringen vermochte wie nach dem schwäbisch-oberrheinischen Südwesten, wo sie bereits seit mehr als hundert Jahren günstige Aufnahme gefunden hatte. Die auf der deutschen Volkssage beruhende Dichtung ergriff mehr das Volk, die Bürger und Bauern, freilich ohne das

ritterliche Element zu vernachlässigen, während die romani-
sirende Richtung sich ausschliesslich an das letztere wandte,
dem sie mit ihren Abenteuerfahrten, Fehden und Turnieren
allein verständlich war. Die Geistlichkeit dagegen hatte seit
Lamprecht und Konrad nicht nur die Mitwirkung an der
Arbeit dieser Art aufgegeben, sondern stand ihr fortan geradezu ablehnend gegenüber, da sie ihr einen viel zu weltlichen Charakter anzunehmen schien, namentlich aber sich
von ketzerischen und heidnischen Elementen beeinflussen
liess. Und doch war die ursprünglich heidnische Volkssage
durchaus verchristlicht, und im höfischen Epos waren die
häretischen Gedanken durch eine echt christliche und fromme
Richtung weit aufgewogen!

Aus der dunklen Urzeit des deutschen Volkes hat sich
die leuchtende Krone seiner dichterischen Schaffenskraft, die
N i b e l u n g e n s a g e , durch mehr als ein Jahrtausend hin
entwickelt. Den Abschluss dieser Entwickelung erreichte
sie im Laufe des 12. Jahrhunderts in der Gestalt des «Nibelungenliedes» des echtesten deutschen Nationalepos, das mit
Recht als die deutsche Ilias oder das deutsche Mahâbhârata
gefeiert wird. Es spiegelt auf die treueste Weise den deutschen
Geist und die deutsche Kultur während seiner langen Werde-
zeit ab; denn die darin geschilderte Verfassung ist noch die
des Zeitalters der grossen Völkerwanderung; die Sitten und
Zustände aber, die darin spielen, erinnern an die Zeit der
Karolinger und der sächsischen Kaiser. Alle Nachforschun-
gen nach dem Verfasser sind bis jetzt umsonst gewesen;
war es ein einziger, was bestritten ist (doch kaum mit
Recht, wenn eine Anzahl schwacher späterer Einschaltungen
ausgenommen werden), so war er, aus dem Geiste des Werkes zu schliessen, gewiss ein ritterlicher Mann, aber älterer
Art, der noch in den Überlieferungen seines Volkes lebte
und die wälsche Mode, die Sucht, die Franzosen nachzuahmen, nicht kannte oder nicht kennen wollte. Es
herrscht in diesem Werke noch mehr die Neigung zu den
Fehden, als die zu den Turnieren, die Züge seiner Helden
haben nicht vage Abenteuerlust, sondern «den frischen
fröhlichen Krieg» zum Ziele, wie er in dem allerdings noch

rohen Geiste der Zeit lag. Die «drei Weh» des ausgebildeten
Rittertums (Wein, Weiber und Würfel) spielen keine Rolle;
das Verhältnis zwischen Mann und Weib ist ein gesundes,
entweder auf die Ehe, oder auf begründeten Hass gerichtetes.
Die Helden sind noch nicht jene galanten Ritter der spätern
Zeit (des 13. Jahrhunderts), sondern noch ganz vom Geiste
des Feudalwesens erfüllt; und namentlich ist der dämonische
Hagen durchaus der fest in der Lehenstreue gegen seinen
Herrn verharrende Dienstmann, den in seiner Pflicht des
unbedingten Gehorsams keine moralischen Skrupel irre machen.
Der Sonnenheld des Liedes, Siegfried, ist nichts weniger
als ein Ritter der Minnesingerzeit; ihm fehlt Besonnenheit
und Zielbewustsein bei aller Redlichkeit und Tapferkeit; er
ist noch ein Recke älterer Zeit. Und die zwei Heldinnen?
Die Walküre Brunhild, in den älteren Bearbeitungen, wie
wir aus den nordischen Edda schliessen müssen, die Haupt-
heldin, ist im Nibelungenliede durchaus abgeschwächt, und
die in der ältern Sage das geringere Interesse in Anspruch
nehmende Gudrun, jetzt Kriemhild, ist im Verlaufe des
Gedichtes aus einem minniglichen Frauenbild zur furchtbaren
Rachegöttin geworden. Auch sie Beide sind keine Damen
der Ritterzeit. Endlich ist zu bemerken, dass die heidnische
Sage hier vom Christentum sehr wenig angenommen hat
und das Nibelungenlied dem kirchlich angehauchten Wesen
der Ritterzeit ungemein ferne steht.

Mit etwas mehr Ritterlichkeit ist das alte Reckentum
in den zwar der Geschichte entnommenen, aber durchaus
von ihr abweichenden beiden Königen Dietrich von Bern
(Theodorich) und Etzel (Attila) gezeichnet, welche sowohl
im Schlusse des Nibelungenliedes, als in den Gedichten des
sogenannten Heldenbuches eine Rolle spielen; weit mehr als
Etzel tritt jedoch in der letztern Dichtungsgruppe Dietrichs
treuer Genosse Hildebrand in den Vordergrund.

In den skandinavischen Ländern ist die Nibelungensage,
welche aus Deutschland in ihrer ältern Gestalt dorthin gelangte,
mit den Sagen von Dietrich mannigfach verschmolzen. Es
kommen in diesen Heldenromanen, wie auch in vielen anderen
nordischeu Sagas wol Anklänge an das Rittertum vor, das

aber überall hinter dem altnordischen Reckentum zurücktritt.

Sowohl ausserhalb der deutschen Volkssage, als ausserhalb des Rittertums steht, obwohl in dessen Heimat, Blütezeit und Sprache (um 1200 in Oesterreich) bearbeitet, das nordisch angehauchte, von Meerluft durchwehte herrliche Gedicht «G u d r u n» (Kudrun). Es stammt offenbar aus den Normannenfahrten und hat, wie man annehmen muss, das Interesse eines in alten Anschauungen lebenden und gleich dem Nibelungensänger der fremden Mode abgeneigten Dichters erregt, der es neu bearbeitete. In ethischer Beziehung steht das Werk ungemein hoch, wenn es auch den Charakter an altertümlicher Derbheit und Herbheit nicht fehlt. Der leider unbekannt gebliebene Dichter hat vom Rittertum nur den sittlichen Kern, die Minne und Tapferkeit, in sein Werk aufgenommen; die Schale, das Turnierwesen, die Galanterie und die rauschende Farbenpracht der Feste liess er ausserhalb liegen; sie wurden aber durch unberufene Überarbeiter hineingeschmuggelt. Daher ist auch das Werk, obschon das vollendetste der mittelalterlichen Epik, nicht populär geworden. In der höfischen Gesellschaft suchte man andere Nahrung.

---

2. Das höfische Heldengedicht.

Wie die gesamte höfische Sitte, wie die Turniere und aller ritterliche Prunk aus dem Lande der Mode, aus Frankreich kam, so mussten auch die «Romane», die bei den Rittern und ihren Damen Freude erweckten, jenseits der Wasgen entstanden sein. Freilich haben die vollendetsten unter ihnen in deutscher Sprache einen so herrlichen Gehalt und Klang bekommen, wie sich ihn die französischen Reimschmiede, welchen der Stoff entnommen war, wohl niemals hätten träumen lassen. Mit Übersetzung aus der wälschen Zunge begannen die deutschen Bearbeiter der höfischen Sagen;

mit unsterblichen Dichterwerken vollendeten sie ihre glänzende Laufbahn.

Merkwürdigerweise ist ein Niederdeutscher, Heinrich von Veldeke, zum Vater der höfischen Dichtung in mittelhochdeutscher Mundart geworden. Der fröhliche Lebemann, hatte seinen Ruf dem Umstande zu verdanken, dass Graf Heinrich von Schwarzburg ihm seine unvollendete «Eneit» (Aeneide) entwendete und erst nach neun Jahren zurückgab, was sie aber in weiten Kreisen bekannt machte. Er führte die für die höfische Dichtung charakteristischen kurzen Verspaare mit dem reinen Reim ein und verdrängte damit die Assonanz, welche auf den Stabreim (die Allitteration) der älteren Zeit gefolgt war. Der Stoff, den er in dem genannten Gedichte wählte, erregte deshalb ein allgemeines Interesse, weil man die Trojaner als Ahnen der Römer betrachtete und das sog. römische Reich nun den Deutschen gehörte. Sein Heldenpaar Aeneas und Dido aber, obschon in Karthago lebend, sind durchaus Typen der höfischen Ritterschaft und der ritterlichen Damen. Der Dichter entnahm das Werk einer französischen Bearbeitung Vergils, und durch ihn wurden zunächst die klassischen Stoffe beliebt. Um das Jahr 1200 endete aber diese Mode, und der Schwabe Hartmann von Ouwe, nach seinem Dienstherrn so genannt, der erste wirkliche Dichter der höfischen Gruppe, versuchte sein Glück mit frei erfundenen Stoffen von allgemein menschlichem Interesse aber echt christlichem Geiste und erschütternden Zügen: Gregorius «der guote sündaere» und «der arme Heinrich», wandte sich aber auch, mit weniger Geist und Selbständigkeit zwar, jedoch mit mehr Erfolg bei seinen Zeitgenossen, dem Ritterroman zu, indem er in seinen schwülstigen Abenteuergedichten «Erek» und «Iwein» den keltischen Sagenkreis vom König Artus und seiner Tafelrunde in Deutschland einführte. Damit begann eine Manier, sich in unserm Vaterlande breit zu machen, die sich nur durch Einförmigkeit und Verschwommenheit in der Charakterzeichnung und durch lockere Hingabe an Zügellosigkeit in sinnlichen Genüssen auszeichnete. Hartmanns Original (denn er sank hier wieder zum Übersetzer herab), wie das der nächstfolgenden höfischen Dichter, war der französische Reimchronist Chrestien de Troyes, dessen Frivolität er aber wegliess, und Iwein ist jedenfalls besser und massvoller als Erek.

Einen zweiten keltischen Sagenkreis, den des «heiligen Gral», führte ein grösserer, ja einer der zwei grössten bekannten deutschen Dichter des Mittelalters ein, Wolfram von Eschenbach. «Gral» (provençalisch grezal, d. h. Schüssel,

Artus und seine Tafelrunde. (La chevalerie et les croisades.)

vom spätlatein, gradalis) hiess in jenem Sagenkreise das Gefäss, woraus Christus mit seinen Jüngern das Abendmahl genommen haben und in welchem, nach der Legende, auch sein Blut aufgefasst worden sein sollte. Ein Gefäss, von welchem dasselbe ausgesagt wurde, ist im Anfange der Kreuzzüge (1101) bei der Eroberung von Cäsarea erbeutet und nach Genua gebracht worden, wo es sich noch heute befindet, und mag damals zur Befestignng dieser Sage in Europa

beigetragen haben. Dem Besitzer des Gral dient dieser
(nach der Sage) als Mittel zur Erlangung alles Glücks und
langen Lebens, und erteilt überdies durch leuchtende Inschriften gute Lehren. Dieser Besitzer ist ein verheirateter
Priesterkönig auf einem herrlichen Schlosse, das nur Aus-
erwählte auffinden können, umgeben von einem Ritterbunde,
den Templeisen (in welchem Namen die Templer anklingen),
welche den Gral, d. h. das sittliche und religiöse Ideal des
Rittertums, beschützen und verteidigen. Nur eine reine
Jungfrau kann ihn aufheben; jedem andern ist er zu schwer;
darin ist die Frauenverehrung der Ritterzeit wunderschön
ausgedrückt.

Wie schon Heinrich von Veldeke, so genoss auch Wolfram von Eschenbach, ein armer bairischer Ritter, die Gunst
des Landgrafen Hermann von Thüringen (1190—1217) auf

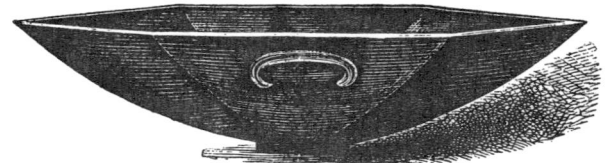

Schale von Cäsarea.

der Wartburg, deren reich bewegtes Ritter- und Dichterleben
die Sage vom Sängerkriege verewigt hat. Wolfram konnte
weder lesen noch schreiben und schuf seinen unsterblichen
und durch tiefe Frömmigkeit, wie dichterische Schönheit
erhabenen «Parzival», wie auch seine übrigen Gedichte aus
dem Gedächtnis. Das genannte, vor 1216 vollendete Werk
gehört zugleich der Artus- und der Gralsage an, welche beide
Sagen ihm aber Anlass boten, ihre Helden einander als
weltliche, blos dem Waffenruhm nachgehende Ritter, wie
Gawan, und als geistliche, d. h. einem hohen Ideal nach-
strebende, wie Parzival, gegenüberzustellen. Des letztern
Streben ist aber keine Askese; er liebt, so fromm und edel
er denkt und handelt, die schöne Königin Condwiramurs,
ehelicht sie und wird schliesslich Gralkönig. Man sieht
hieraus und auch darin, dass er in einem Heiden, d. h.

Sarazenen, seinen verlorenen Bruder findet, dass selbst das frömmste deutsche Gedicht des als finster verschrieenen Mittelalters sich keineswegs der damals allmächtigen Hierarchie und Askese unterordnet.

Ein dritter keltischer Sagenkreis, der von Tristan und Isolde, schenkte durch Gottfried von Strassburg der mittel-

Der Sängerkrieg auf der Wartburg.

(Vierzehntes Jahrhundert.) Universitäts-Bibliothek zu Heidelberg.

hochdeutschen Litteratur ein Meisterwerk. Einen schärfern Kontrast kann es nicht geben, als zwischen den echt christlichen ritterlichen Dichtern Hartmann nnd Wolfram und jenem bürgerlichen Sänger mit durchaus heidnischer, d. h. antiker Welt- und Lebensauffassung. Die Tristansage ist das hohe Lied der Liebe, wie die Gralsage das des Glaubens;

Wolframs Dichtung ist ein oft dunkler Idealismus, die Gott-
frieds ein tagheller Realismus; im Parzival wird das Rittertum in den Himmel erhoben, im Tristan verächtlich bei
Seite geschoben. Turniere und Fehden spielen hier keine
Rolle; nur die Jagd wird unter den ritterlichen Übungen zu
Ehren gezogen, während der Dichter doch ganz in der höfischen
Welt lebt und webt. Wolfram war ein guter Deutscher;
Gottfried dagegen französelt ganz bedeutend, ist voll Frivolität
und Esprit und macht die Gottesgerichte lächerlich. Aber
sein (um 1210) leider unvollendet gebliebenes Werk, mit
welchem die ritterliche Gedankenwelt bereits überwunden ist,
glänzt durch Reinheit der Sprache und Farbenpracht der
Schilderungen.

Die Epigonen dieser grossen Dichter, wie Rudolf von
Ems, Konrad von Würzburg, Albrecht von Scharfenberg
u. a. waren ohne höhere Begabung und sanken zuletzt zu Reim-
chronisten· herab. Ihre ritterlichen Mären konnten auch deshalb nicht mehr aufkommen, weil die Geistlichkeit immer
schärfer gegen diese auftrat, sich, um sie zu zerstören, selbst
der deutschen Sprache zur Schöpfung von Heiligenlegenden
bediente und die weltlichen Dichter damit zwang, selbst eine
kirchlichere Richtung anzunehmen, doch ohne dass diese eine
eigentliche Blüte erlebte und nachhaltige Wirkung ausübte.
Um 1300 war die epische Dichtung bei Geistlichen und
Weltlichen verstummt.

---

3. Minnegesang und Spruchdichtung.

Sind, wie wir oben angedeutet haben, die epischen
Dichterwerke Frankreichs in der Blütezeit des Rittertums der
Art, dass ihre Verfasser keinen Anspruch auf literarische
Unsterblichkeit haben, und bleibt ihnen nur das Verdienst,
einem Teile der deutschen Dichter Stoff zu wirklich gross-
artigen Werken geliefert zu haben, so verhält es sich auf dem
Gebiete der lyrischen Poesie wesentlich anders. Doch
gebührt auch auf diesem den Franzosen nicht die Initiative,
die wir vielmehr weiter südlich zu suchen haben.

Die Kunstdichtung beruht allerdings nach Sprache und Inhalt und auch zum Teile der Form nach auf irgend einer Volksdichtung, sei es der ihres eigenen oder der eines andern Landes. So gingen in Deutschland die Nibelungen und Gudrun aus der eigenen, die Artus-, Gral- und Tristangedichte aber aus der keltischen Volksdichtung durch Vermittelung der Franzosen hervor. Nehmen wir nun aber die ritterlich-höfische Dichtung als ein Ganzes für sich, unterschieden von der Volksdichtung, als wesentliches Element des ritterlich-höfischen Geistes, so müssen wir ihre ersten Wurzeln in dem Kampfe gegen die «Ungläubigen» suchen; denn nur in d i e s e m konnte, abgesehen vom R i t t e r s t a n d, der sich aus dem Feudalwesen entwickelte, jenes Ideal der R i t t e r l i c h k e i t erblühen, welches in dem tapfern Einstehen für den Glauben, für den König und für die Damen die höchste Pflichterfüllung fand. Das älteste Gebiet des Kampfes für das Christentum war aber S p a n i e n; dort war der erste Anlass vorhanden, gegen den eingedrungenen Islam sich zu .wehren, und dort lag daher auch, wie wir annehmen, die Wiege der romantischen Seite des Rittertums, welche sich nach und nach in verschiedenen Ländern mit dessen ständischer Seite vermählte. Dafür zeugen die zahlreichen Lobgedichte auf den im elften Jahrhundert eine freilich nicht immer ritterliche Rolle spielenden Don Rodrigo Diaz, den gefeierten C i d. Die epische Bearbeitung der Thaten dieses und anderer Helden artete später in die, wie bekannt, vom grössten Romandichter der Welt, Cervantes, so scharf gegeisselten Ritterromane aus; die lyrische Seite jenes Kampfes aber widerhallte in grossartigster Weise auf der andern Seite der Pyrenäen, bei dem irrig als «Südfranzosen» benannten eigenartigen romanischen Volke der Provençalen, die von den Franzosen grundverschieden sind, von ihnen aber ihrer nationalen Selbständigkeit beraubt wurden. Hier, in Südgallien, hatten die Araber, welche die Spanier zum Verzweiflungskampfe gezwungen, sich, Dank dem glorreichen Siege des fränkischen Helden Karl Martell, nur kurze Zeit in kleinem Gebiete halten können. Nachdem sie vertrieben waren, spielte bei dem lebhaften Volke die Verschiedenheit des Glaubens keine Hauptrolle mehr; ja nachdem dort die ritterliche Gesinnung eingedrungen, seit der Mitte des 12. Jahrhunderts, war ein grosser Teil des Adels wie des Volkes, der kirchlichen Gläubigkeit überdrüssig geworden und hatte sich einer Mischung von urchristichen und ketzerischen (besonders manichäischen) Ansichten in die Arme geworfen. Im übrigen war dort der Geist des Rittertums und des Minnedienstes ein ungemein lebhafter und erweiterte den Gesichtskreis dieser Ideale um die Feier derselben durch die lyrische Dichtung, welche in Spanien nicht recht aufgekommen war. Hier, wo die Landessprache von ihren Angehörigen schlechtweg die romanische genannt wurde, entstanden die Bezeichnungen «Roman» und «romantisch.» Die Urheber dieser dichterischen Richtung waren die provençalischen Edelleute. Sie nannten ihre Kunst die des Findens (art de trobar) und sich selbst «Finder», Trobaires, Trobadors (französisch Troubadours). Es gab aber schon vor ihnen volkstümliche Sänger und Spielleute, Joglars (franz. Jongleurs, vom lat. joculatores, Spassmacher) genannt, welche aber bald mit den Trobadors zu wetteifern begannen und dies auch verstanden. Sie wurden von den Edelleuten zur Erheiterung gehalten, bis diese die Kunst in höherem Grade ausbildeten. Nun aber wurden die beiden Benennungen meist untereinander geworfen und oft als gleichbedeutend gebraucht. In der Regel jedoch nannte man Joglars diejenigen edlen oder unedlen Sänger, welche aus der Dicht- oder Tonkunst ein Gewerbe machten, Trobadors aber die Kunstdichter ohne Unterschied des Standes und der Erwerbsart. Immerhin hatten das höchste Ansehen die Hofdichter oder diejenigen Trobadors, welche nicht zugleich Joglars waren, und welche lyrisch dichteten, zu denen auch Geistliche, Bürgerliche und sogar Bauernsöhne gehörten, so dass die Kunstgenossenschaft einen ziemlich demokratischen Charakter erhielt. Die Verfasser von Novellen und Romanen wurden dagegen als geringern Ranges betrachtet. Die Jongleurs aber waren mehr Musiker und Sänger als Dichter. Doch setzten auch die Troubadours ihre Gedichte oft selbst in Musik und diktierten sie, da sie meist des Schreibens unkundig waren. Konnten sie nicht selbst singen und spielen, so liessen sie sich von Jongleurs begleiten, deren die Reichen stets welche in ihrem Dienste hatten; diese selbst lieferten den Text und die Jongleurs den Ton; letztere lebten daher meist von der Dichtergabe ihrer Herren, trugen auch epische Gedichte vor und waren nicht selten Tänzer, sogar Seiltänzer, Gaukler und Tierführer dazu.

Die Poesie der Troubadours hat im ganzen einen ziemlich gleichförmigen Charakter, die Individualität der Dichter tritt selten hervor. Den Gegenstand ihrer Lieder bildeten die Natur (d. h. wie damals überall nur Einzelheiten, Blumen, Vögel u. dergl.), die Liebe, ritterliche Abenteuer, Fehden, Kampflust, die Kreuzzüge, Fürstenlob, persönliche Feindschaften, ethische Streitfragen u. s. w. Die Religion überliessen die Trobadors meist den Geistlichen. Unter den Dichtern sind die bedeutendsten Bertran de Born, Bernart de Ventadour, Pons de Capdueil, Guillem, Ademar. Peire Cardinal, Reimon, Jordan, Folquet von Marseille u. a. Alles nähere muss der Litteraturgeschichte überlassen werden.*)

Ihren Untergang fand die Poesie der Troubadours teils durch die Unterdrückung der Albigenser, denen sie zum Teil angehörten, in der ersten Hälfte des 13. Jahrhunderts, teils

Jongleur. (Gautier, chevalerie.)

durch das Vordringen der französischen Sprache nach Süden, den Verfall des Rittertums und das Emporkommen des Bürgertums in der zweiten Hälfte desselben Jahrhunderts.

Waren Ehre und Treue das Ideal der spanischen, Liebe und Freiheit das der provençalischen Dichter, so nahm bei den französischen eine seltsame Mischung von kirchlicher

---

*) Wir verweisen auf Diez, die Poesie der Troubadours, 2. Auflage Leipzig 1883.

Frömmigkeit und sinnlicher Lüsternheit jene Stelle ein. Den Troubadours entsprachen bei ihnen die gleichnamigen T r o u-v è r e s, denen als untergeordnete Sängerklasse die Menestriers oder Menestrels und auch hier die Jongleurs zur Seite traten. Die lyrische Poesie dieser Sänger konnte sich jedoch mit derjenigen der Provencalen nicht messen und trat überdies an Fruchtbarkeit und Einfluss weit hinter jener epischen Dichtung zurück, welche den deutschen Dichtern höfischer Richtung wohl den Stoff, nicht aber den Geist lieh. Keine Nachahmung ausserhalb Frankreichs fand aber die geistlich-allegorische Dichtung, welche in dem Gedicht-Ungetüm des R o m a n d e l a R o s e (von 22 000 Versen) ihre zugleich mystischen und frivolen Orgien feierte.

Unabhängiger als die epische, ist die lyrische Dichtung der Deutschen von jener der Franzosen, aber auch ärmer an Gehalt. Ihre Pfleger in der Ritterzeit, die M i n n e s i n g e r, die beinahe ohne Ausnahme Ritter waren, sind einem ungeheuern Walde von Zwergbäumen zu vergleichen, aus welchen eine einzige mächtige Linde hervorragt, W a l t h e r von der V o g e l w e i d e. Der ritterliche und hochgebildete Sänger, den Herzog Friedrich, der österreichische Babenberger (1230—1246) begünstigte, den Kaiser und Gegenkaiser abwechselnd beschenkten und im Stiche liessen, irrte im ganzen Reiche umher, bis er von Friedrich II., an dessen Kreuzzug er teilnahm ein kleines Lehen erhielt. So oft er aber auch, durch Armut gezwungen, in inneren Kämpfen die Fahne wechselte, ist er doch stets ein guter Deutscher geblieben, wie er auch ein warmer Kämpfer für gute Sitte, ein feuriger Verehrer echter Weiblichkeit und ein Verfechter der Glaubensfreiheit war. Sein Naturgefühl ist wahr und sein Herz lebensfroh. Er war ein Geistesverwandter und Freund Wolframs von Eschenbach, hielt sich aber frei von Nachahmungen fremder Muster, stand auf eigenen Füssen und war ganz er selbst in seinen anmutigen uod oft schalkhaften Liedern. Die übrigen Minnesinger schufen zwar manches Schöne; aber das meiste ist Mittelgut oder unbedeutend und höchst einförmig. Unter ihnen ist wegen seiner satirischen Richtung der weniger in der Eigenschaft des Dichters als in derjenigen eines Helden der Volkssage bekannte T a n n h ä u s e r hervorzuheben.

Die lyrische Dichtung des deutschen Mittelalters versiegte noch schneller als die epische. In der Mitte des 13. Jahrhunderts lief ihr die didaktische oder S p r u c h d i c h t u n g den Rang ab. Aber auch sie zählt nur e i n e n wirklich bedeutenden Träger, der indessen mit dem einzigen grossen Minnesinger Walther die auffallendsten Ähnlichkeiten darbietet. Der leider unbekannt gebliebene Dichter von «Vridankes Bescheidenheit» lebte zur Zeit des Vogelweiders, hatte ganz ähnliche Schicksale, war auch Kreuzfahrer, Reichsfreund und Gegner kirchlicher Missbräuche, und seine Sprache erinnert durchweg an die des Genannten. Wahrscheinlich war auch e r ein armer Ritter. Die übrigen Spruchdichter, die in das 14. Jahrhundert hineinragten, waren Bürger, Lehrer und Geistliche.

Nicht viel ist von der T o n k u n s t mit Bezug auf das Rittertum zu sagen. Sie begleitet stets dessen dichterische Leistungen, war ihm aber im übrigen nicht eigentümlich, sondern, wenn auch Ritterdamen die Harfe spielten, mehr Sache der Spielleute.

Sechster Abschnitt.

Der Verfall des Rittertums.

1. Ursachen seines Verfalles.

Es war in der Mitte des dreizehnten Jahrhunderts, als die «kaiserlose, die schreckliche Zeit» eintrat, und das war der Zeitpunkt, in welchem der Glanz des Rittertums, nicht nur in Deutschland, sondern überall, wo es bestanden hatte, zu erbleichen begann. Die Kreuzzüge mit ihren entsetzlichen Verlusten hatten den Adel furchtbar mitgenommen, nicht nur an Menschenleben, sondern auch an Geld und Gut. Sein Reichtum sank zusammen, und damit auch die Lebenslust und die Freude an Dicht- und Tonkunst. Die Güter waren verschuldet oder verpfändet, zum Teil auch, infolge des wieder zunehmenden asketischen Zuges der Zeit, der Kirche geschenkt oder in Klosterstiftungen aufgegangen. Nicht wenig Ritter und Edelleute traten, wenn sie nicht geistliche Ritter wurden, selbst in Klöster oder Stifte, als Mönche oder Chorherren, oft sogar als dienende Laienbrüder. Es kam selbst vor, dass Mann und Frau zugleich diesen Schritt thaten und die letztere Nonne wurde.

Soweit aber nicht dieser fromme Geist herrschte, wurde das Gut, das man noch besass, in Wohlleben verprasst, und wenn man nichts mehr hatte, wurde man Söldner oder Raubritter. Auch die Turniere entarteten in unritterliche und gefährliche Raufereien, in denen man sich absichtlich tötlicher Waffen bediente (Mordmesser, Mordkolben und geschliffene Äxte, wie Reinmar von Zweter klagt). Die Zeit war vorbei, in welcher grossherzige Kaiser und Könige, wie Friedrich Barbarossa, Philipp August und Richard Löwenherz, das Rittertum mit freigebiger Hand befördert hatten. Die späteren Kaiser lebten meist in Italien oder verzehrten sich in inneren Kämpfen (wie Philipp von Schwaben und Otto IV.); in Frankreich begann mit der Unterdrückung der Albigenser eine rauhere Zeit, in welcher die Könige nur auf ihre eigene Bereicherung bedacht waren, ebenso in England mit dem habsüchtigen und tyrannischen Johann ohne Land. So waren die Ritter, welche nichts oder nichts mehr ihr Eigen nannten darauf angewiesen, dem Meistbietenden als Söldner zu dienen oder als Wegelagerer die Züge der Kaufleute anzufallen und auszuplündern oder zu brandschatzen.

Die Kurfürsten bei der Königswahl Heinrichs VII.
Aus dem Codex Balduins von Trier in Koblenz.

Damit versiegte denn auch der fröhliche Geist, der im 12. und zu Anfang des 13. Jahrhunderts noch auf den Burgen geherrscht hatte. Die Männer ergaben sich mehr und mehr der Jagd, dem Spiel und dem Trunke; die Damen wurden kopfhängerisch und lebten frommen Übungen. Die Helden-gedichte und Minnegesänge gerieten in Vergessenheit, und an ihre Stelle traten Spottlieder auf das Rittertum und (oft unflätige) Parodien auf die Ritterromane, unter denen das französische Gedicht (fabliau) A u d i g i e r durch niedere Ge-sinnung hervorragt.

Als Rudolf von Habsburg König wurde, war zwar die innere Anarchie überwunden, aber auch der Ruin des Adels und

damit des Rittertums vollendet, und es begannen auf der
einen Seite die Fürsten ein selbstsüchtiges und rücksichtloses
Regiment zu führen, auf der andern aber die Städte durch
Handel und Gewerbe aufzublühen und im Reichtum dem
Adel den Rang abzulaufen. Aber nicht nur hierin, sondern
auch in der Pflege der Dichtkunst. An die Stelle der adeligen Minnesinger traten die bürgerlichen Meistersinger,
allerdings trockene, steife Gesellen, aber doch in der Folge
die einzigen Vertreter der Sangeskunst und Sangeslust, neben
welcher indessen die unverhohlene Freude an möglichst derben
Scherzen und Schwänken einherging. Doch gab es auch ein
höheres Streben. Die Plastik und das Kunstgewerbe der
bürgerlichen Kreise, welche um 1300 ihre spätere Blüte vor-
bereiteten, trugen wohl mehr als der Reichtum dazu bei,
den Städten und Bürgern den Einfluss zu verleihen, den
die verarmten und verkommenen Ritter nicht mehr geltend
machen konnten.

Die Bedeutung des Rittertums sank noch tiefer, als auch
die kleineren Fürsten ihren Einfluss verloren und (im 14.
Jahrhundert) die grösseren, die sieben Kurfürsten (drei
geistliche und vier weltliche) das Reichsregiment in die Hand
nahmen, wodurch Städte und Adel, ja der Kaiser selbst, von
ihnen abhängig wurden, während ihre öfteren Entzweiungen
den Bürgerkrieg entfesselten und das Reich schwächten. Alle
Festlichkeiten gruppierten sich fortan um die Kurfürsten, und
der Kaiser, entweder selbst einer von ihnen oder ihr Werkzeug, war im Grunde nur noch eine Repräsentationsperson.
Dies zeigte sich u. a. bei der spätern Entwickelung der Erteilung von Fahnenlehen (oben S. 16). Wir lassen diese
feierliche Handlung hier durch Gustav Freytag beschreiben:
«Sie fand statt nicht nur nach neuer Kaiserwahl, auch nach
jeder Besitzänderung in den grossen Adelsgeschlechtern, sie
wurde wohl auf jedem Reichstag das grösste Fest. Und da
der Brauch dabei sehr altertümlich war, uns ganz fremdartig
geworden und selten beschrieben ist, und da er genau ebenso
die alte Kaisermacht kennzeichnet, wie die Königsparaden
der Hohenzollern die neuzeitliche, so soll hier kurz davon berichtet werden.

Auf dem Platz der Reichsstadt wurde ein Gerüst errichtet, mit breiten Stufen, es musste unter freiem Himmel sein und musste umritten werden können. Darauf der Kaiserstuhl und die Sitze der Kurfürsten, alles mit schönen Teppichen und golddurchwirktem Stoff bedeckt, in der Nähe waren Ankleidezimmer für den Kaiser und die Kurfürsten. Zur bestimmten Stunde kam der Kaiser mit den Kurfürsten und grossem Gefolge angeritten, stieg bei seinem Ankleidezimmer ab und legte den schweren goldenen Kaisermantel und die Krone an. Dann schritt er im Kaiserschmuck und in der Krone mit grossem Zuge auf das Gerüst und setzte sich auf den Kaiserstuhl, weit sichtbar, sehr stattlich; zur rechten und zur linken Hand sassen die Kurfürsten, welche die Reichskleinodien im Zuge getragen hatten: Mainz das Evangelienbuch zum Schwur, Sachsen das Schwert, Brandenburg den Scepter, Rheinpfalz den Reichsapfel. Darauf ritt, bis dahin unsichtbar, der Rennhaufe des fürstlichen Vassallen heran, welcher das Lehen erhalten sollte. Es waren seine Vassallen und Reisigen, in seine Farben gekleidet, die Edelleute darunter in Sammt mit Federn, alle kleine Fähnlein in den Händen oder auf den Häuptern der Rosse; in der Mitte aber führte der Haufe die rote Rennfahne, die auch Reichsfahne oder Blutfahne genannt wurde. In gestrecktem Rosslauf umrannte die Schar das Gerüst mit dem Kaisersitz — die schnelle Gangart dabei war uralter Brauch der Deutschen, die auch beim Turnier so gegeneinander ritten, die Romanen aber nur im Trabe. — Nachdem der Kaiserstuhl zum erstenmal «berannt» war, ritten die Boten des Vassallen heran, Reichsfürsten von seiner Freundschaft, sie stiegen vor dem Gerüst ab, knieten auf den Stufen nieder und knieend bat der Sprecher unter ihnen den Kaiser um Erteilung der Lehen. Darauf stand Mainz auf, besprach sich mit dem Kaiser, dem laut zu reden nicht zugemutet wurde und antwortete, dass der Kaiser bereit sei. Hatten die Boten wieder ihre Rosse bestiegen, so kam nach dem zweiten und dritten Rennen der Blutfahne der Reichsfürst selbst unter Trompeten- und Paukenschlag mit seinem Gefolge und einem Reiterhaufen in allem Glanz, den er aufzubringen vermochte,

angeritten, vor ihm alle Fahnen seiner Lehen, deren Bilder
in den Wappenfeldern unserer alten Familien erhalten sind.
Auch er ritt im Galopp an das Gerüst, stieg ab und kniete
nieder. Dann legte Mainz das Evangelienbuch in den
Schoss des Kaisers, der Kaiser fasste mit beiden Händen
die oberen Ecken, der Lehnsfürst legte die Hand auf das
Buch und schwor den Vassalleneid. Darauf ergriff der Kaiser das Schwert am Kreuzgriff und bot den Knopf dem
Vassallen, dieser fasste daran und küsste den Knopf, war
er aber ein geistlicher Fürst, so wurde ihm die Spitze des
Scepters geboten. Darauf wurden die Fahnen gebracht, zuerst die Blutfahne, dann die Lehensfahnen; der Kaiser fasste
mit der Hand an jede, und darunter ebenso der Vassall.
Waren die Fahnen angefasst, so wurden sie von dem kaiserlichen Herold Germaniens unter das schauende Volk geworfen,
die Leute rissen sich darum und trugen die Fetzen als Beute
heim. Als aber im Jahre 1566 bei der Belehnung des Kurfürsten August durch Maximilian II ein kecker Reiterknabe
die Fahne des Herzogtums Sachsen — die mit dem Rauten-
kranze — behend ergriff und unversehrt entführte, freuten
sich die Sachsen über das gute Vorzeichen und der Reiter
erhielt eine Belohnung. Nicht immer ging dieser Akt der
Belehnung ohne Zwischenfall vor sich. Als im Jahre 1530
Karl V. die Herzöge Jörg und Barnim von Pommern belehnte,
erhob sich Kurfürst Joachim von Brandenburg nach dem
ersten Rennen der Pommern und wahrte in schöner Rede
seine Ansprüche auf die pommerschen Lande, und als darauf die beiden Herzoge knieend an die Fahnen fassten, trat
auch er hinzu und fasste auch mit der Hand an die Stangen.
— Der Belehnte trat unter die Fürsten auf dem Gerüst.
War allen Werbern ihr Lehen erteilt, dann kehrte der Kaiser
im Zuge zu seinem Ankleidezimmer zurück, legte die Bürde
des Kaiserschmucks ab, verabschiedete freundlich die Fürsten
und ritt nach seiner Herberge.»

Gekrönt wurde dieses neue Reichsgebäude durch K a r l IV.
von Luxemburg, welcher mehr ein Deutschland als seine
Eroberung betrachtender König von Böhmen als ein deutscher
Kaiser war. Durch seine «goldene Bulle» (1356) erhob er

Frankfurt zur ständigen Wahlstadt, bestätigte Aachen als Krönungsstadt, befestigte die 7 Kurfürsten in ihren Würden und erhob sie zu völlig unabhängigen Landesherren, von deren Gerichten nicht mehr an das Gericht des Kaisers appelliert werden konnte, ausgenommen in Fällen der Rechts-verweigerung. Aber auch diese Ausnahme galt für den König

Überfall und Plünderung eines Dorfes durch Raubritter.
Aus dem mittelalterl. Hausbuch im germ. Museum zu Nürnberg.

von Böhmen nicht, vor welchem fortan kein anderer König den Vorrang haben sollte. Die Majestätsbeleidigung der Kur-fürsten wurde derjenigen des Kaisers gleichgestellt und die Rechte des Reiches in allen Beziehungen zugunsten derjenigen der Fürsten beschnitten, die Rechte der Städte nahezu unter-drückt, die Hörigen aber in ihrem traurigen Zustande festgeschmiedet. Das Fehdewesen aber wurde wieder förmlich als ein Recht anerkannt und mit bestimmten Regeln umgeben.

Die Folgen dieses Schrittes blieben nicht aus. Der in der Mitte des 14. Jahrhunderts in den Städten vollzogene Sturz des Regiments der edlen Geschlechter durch die Bürgerschaft und die Zünfte beraubte diese des Schutzes, den sie bisher von Seite dieser Patrizier, d. h. der ursprünglichen Besitzer des Marktplatzes, aus dem die Stadt sich entwickelte, genossen hatten. Bisher hatten diese Edeln als Ritterheere die Städte verteidigt. Jetzt, nach ihrem Sturze, mussten sich die in den Waffen nicht geübten Handwerker und Kaufleute mit Söldnern behelfen und diese stark besolden, so unzuverlässig sie sich auch erwiesen. Ihnen waren aber die Landedelleute, zu denen die vertriebenen Stadtjunker geflohen waren, weit überlegen und die beiden nunmehr verbündeten Adelsparteien gingen sowohl gemeinsam in Fehden, als einzeln in der Eigenschaft von Raubrittern gegen die Städte vor und sammelten alle mit den neuen städtischen Machthabern unzufriedenen Elemente um sich. Ähnlichen Unfug trieben auch zahlreiche nicht ritterliche Räuber, welche gleich jenen ritterlichen die Schiffe und Warenzüge der Kaufleute überfielen, ausplünderten und die Betroffenen als Gefangene, jene nach ihren Burgen, diese nach ihren Schlupfwinkeln schleppten.

Aus diesen Raubfahrten und Fehden nun entwickelten sich langwierige Kriege. Die Städte einerseits und die Ritter andererseits vereinigten sich zu grossen Bündnissen, den Städtebünden einerseits (dem schwäbischen, dem rheinischen, der Hansa) und den Ritterbünden (die Schlegler u. a.) anderseits. Beide kämpften mit wechselndem Glücke. In Deutschland siegten 1388 bei Döffingen die Ritter über die noch 1377 bei Reutlingen erfolgreich gewesenen Städter, — in der Schweiz aber bei Sempach 1386 und bei Näfels 1388 die verbundenen Städter und Bauern über die Ritterheere Österreichs.

Es fand indessen seit dem 14. Jahrhundert eine Verschiebung der Stände statt. Auf der einen Seite machten diese sich, als politische Körperschaften gegenüber den Fürsten geltend, indem Adel, Geistlichkeit und Städte das Recht der Mitbewilligung von S t e u e r n erkämpften. Während sie aber hierin oft einig waren, waltete um so grössere Feindschaft, wie schon aus den eben erwähnten Fehden hervorgeht, zwischen den Ständen im gesellschaftlichen Sinne. In diesem unterschied man seit der genannten Zeit drei Stände, den Adel, die Bürger und die Bauern, unter welchem letztern Namen nun die freien Bauern und die Hörigen zusammengefasst wurden. Diese Stände schienen förmlich bemüht, einen gegenseitigen Hass zu nähren, trotzdem sie sich in ihren Sitten und Anschauungen einander näherten. Während nämlich Bürger und Bauern die Edelleute nachzuahmen suchten und z. B. auch Turniere veranstalteten, wurde der Adel zusehends roher. Was diese Stände an Dichtung noch zusammenzuleimen wussten, bestand grösstenteils aus gegenseitigen Schmähungen, und was sie einander gegenüber thaten, aus wilden Fehden. Es war ein Fest für die Bürger, gefangene Raubritter an Galgen und Rad enden zu lassen, und zugleich sparten sie keine Gelegenheit, ihrer Verachtung gegen die Bauern Luft zu machen. Der Adel aber fand ein wachsendes Vergnügen darin, seine Bauern zu schinden, namentlich durch das Jagdrecht, das die Felder verheerte, und durch ausgesucht grausame Bestrafung der Wildfrevler. Dabei nahm die Freiheit der Bauern fortwährend ab, und die Leibeigenschaft unter ihnen wuchs reissend an, indem die Bauern je länger desto weniger den drückenden Abgaben an die adeligen Grundbesitzer gewachsen waren und durch die wilden Fehden alles, was sie hatten, noch vollends verlieren mussten. Die Folgen davon fielen aber auf die Herren ʊzurück; je weniger Freiheit die Bauern hatten, desto weniger Arbeitskraft und Arbeitslust hatten die Herren von ihnen zu erwarten.

2. Letzte Versuche eines Auflebens.

Die geschilderte Entartung des Rittertums verhinderte indessen nicht eine weitere Entwickelung der ritterlichen

Rüstung. Die wechselnde Mode, die nicht nur das Tuch,
sondern auch das Eisen beherrschte, liess auf den völlig ausgebildeten Topfhelm (oben S. 112) am Ende des 13. Jahrhunderts die Kessel- oder Beckenhaube folgen, an die sich
das Kettengeflecht der Halsberge anschloss. Der abstehende
Krempenrand der Beckenhaube fiel in der zweiten Hälfte des

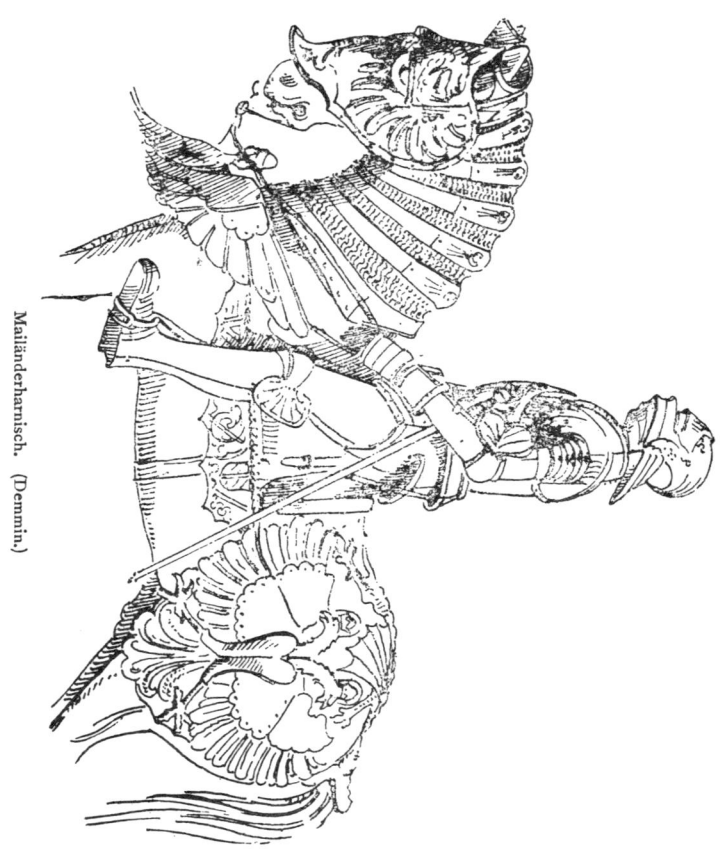

Mailänderharnisch. (Demmin.)

14. Jahrhunderts schützend über den Nacken herab, bekam
ein Visier zum Schutze des Gesichtes und wurde so selbst
zum Helm, so dass man gegen Anfang des 15. Jahrhunderts
das Tragen einer Haube unter dem hinlänglich schützenden
Helm als überflüssig aufgab. Zugleich veränderte sich auch
die Rüstung des Leibes. Die schon früher (oben S. 122)

über den Ringpanzer oder das Kettengeflecht befestigten
Eisenplatten verbreiteten sich immer mehr, so dass am Ende
des 14. Jahrhunderts (in Deutschland schon früher) der Ritter
vollständig mit Platten bekleidet war, unter denen man indes
noch das Kettengeflecht zu tragen fortfuhr. Der Beweglich-
keit der Glieder wurde durch die Verschiebbarkeit der Platten-
stücke übereinander Rechnung getragen. Das war der »gotische
Harnisch,« der aber der Kleidermode folgte. So lange man
Schnabelschuhe trug, waren auch die Eisenschuhe schnabel-
förmig; als um 1470 die »Bärenklauen» oder «Kuhmäuler»
und noch später (um 1570) die
«Entenschnäbel« Mode wurden,
erhielten auch die Eisenschuhe
diese Form. Im sechszehnten
Jahrhundert war der Plattenpan-
zer ungemein kompliziert und
gliederreich geworden, und der
sogenannte Mailänder- oder
Maximiliansharnisch bestand
aus 160 bis 180 Teilen und
hatte ein Gewicht von 64 bis
92 Pfund, wurde aber nie lange
anhaltend getragen. Erwähnens-
wert ist dabei, dass die

Jean de Signe, königl. Kämmerer, 1406.
(Demay.)

Rüstungen des Mittelalters nicht etwa für grössere und stärkere
Leute als die heutigen berechnet waren, sondern vielmehr heutigen starken Männern viel zu eng sind. Der Helm erhielt vorn
ein einem (freilich verzerrten) Antlitz ähnliches Visier, das
nach oben aufgeschlagen wurde, und einen Kinnschutz, und
ähnlich wurde auch der übrige Körper in vorsorglicher Weise
gepanzert, wofür augenscheinlich die Krebsschalen ein Vorbild abgegeben hatten. Der Maximiliansharnisch bezeichnet
die Blüte der Eisenrüstung; im 16. Jahrhundert beginnt bereits ihr Verfall; sie wurde geschmacklos, geziert, grotesk und
nahm an Gewicht ab.

Die Schilde wurden zu Prunkstücken und kamen als
Waffen ausser Gebrauch.

Das endliche Schicksal der Rüstung bereitete sich aber

vor, noch ehe ihre Ausbildung vollendet war. Den ersten Stoss gab ihnen das **Fussvolk** der heranwachsenden freien Gemeinwesen im Alpenlande. Als am Morgarten (1315) Österreichs Ritter durch die Bauern in den Ägerisee geworfen wurden und bei Sempach (1386) der Lanzenwald der abgestiegenen Ritter durch den Ansturm der Schweizer zertrümmert wurde, war die ritterliche Schlachtordnung gesprengt. Noch mehr aber trug zum Ruin des ritterlichen Kriegswesens die Erfindung der **Feuerwaffen** bei, welche seit der Mitte des 14. Jahrhunderts langsam, zuerst nur als grobes Geschütz und erst später als Handwaffen Eingang fanden. Im 15. Jahrhundert waren die Ritter ihrer Aufgabe bereits nicht mehr gewachsen; das Feudalwesen hatte sich ohnehin gelockert, und was schon im 10. Jahrhundert eingetreten war, wiederholte sich nun. Um im Kriege Erfolg zu haben, mussten Fürsten und Städte **Söldner** anwerben, die sich aber, da sie sich ohne feste Organisation nicht

Gezierte Rüstung. (Demmin)

bewährten, bald zu den **stehenden Heeren** entwickelten. Im Umkreise der ritterlichen Welt ging damit Frankreich in der Mitte des 15. Jahrhunderts voran, und in Deutschland bildeten am Ende desslben die **Landsknechte**

Maximilians I. den ersten Versuch. Sie trugen Helme neuerer Art und Plattenharnische (s. oben S. 177) und führten Hellebarten, Schwerter, Armbruste und Handfeuerwaffen. Aber immer mehr wurde die Eisenrüstung durch Schutzstücke aus Leder verdrängt.

In dieser Zeit geschah es, dass der wachsende Wohlstand in den Städten und der abnehmende der Landedelleute nach und nach die Trennung zwischen letzteren und den reichen Bürgern beseitigte. Jene, soweit sie nicht ohnehin in den Städten angesessen waren, besuchten dieselben oft zum Vergnügen und unterhielten sich mit den Bürgern an Tänzen; ja sie verschmähten es nicht, sich mit denselben in Turnieren zu messen, bei denen es allerdings formloser zuging als bei den rein ritterlichen früherer Zeiten.

Aber auch diese letzteren erlebten für kurze Zeit unter dem «letzten

Landsknecht. (Demmin).

Ritter», Kaiser Maximilian I., eine neue Blüte. Sie wurden in ein förmliches System gebracht, in elf verschiedene Abarten gruppiert und mit grosser Pracht gefeiert; Ritter und Pferde erschienen in glanzvollem Aufzuge, vollständig gerüstet und gepanzert, die Rosse vom Kopf bis auf die Fesselgelenke mit flatternden, bunten Seiden- und Samtdecken behangen, in denen nur für die Augen und Nüstern Ausschnitte angebracht waren. Strenge Turniergesetze

wurden gegeben, nach welchen bestraft wurde, wer, wie
Hans Sachs reimt «ketzerischen Glauben hat, wer veracht
kaiserlich Mandat, wer Frauen schänd, schwächt reine Maid,
wer Siegel fälscht und schwört Meineid, wer Feld fleucht,
lässt seinen Herrn in Nöt, wer seinen Bettgenossen ertöt, wer
beraubt Kirchen, Witwen, Waisen, wer unabg'sagt thut kriegen
und reisen, wer neu Zoll, Maut und Beschwerd aufricht, wer
nicht in Eh' geboren oder die Eh' bricht, wer Fürkauf,
Wucher, Wechsel treibt, wer nicht in edlem Stamm verbleibt.»

Turnierrüstung z. Z. Maximilians I.   (Demmin.

Noch mehr aber als die Turniere liebte Kaiser Max die
Jagd, welche ebenfalls wieder ein ritterliches Vergnügen
wurde. Namentlich machte es ihm Freude, als Bergsteiger
und Alpenjäger ausgerüstet auf die Gemsjagd in Tirol zu
ziehen und gelegentlich auch nach Bären zu pirschen. Die
Falkenjagd wurde unter ihm noch immer geübt, und seine

beiden Gemahlinnen verloren auf derselben durch Sturz mit dem Pferde das Leben. Eines der letzten Turniere in Frankreich war das in Paris am 30. Juni 1559, durch welches König Heinrich II. das Leben verlor, und zwar durch den Lanzenstoss des Hauptmanns seiner schottischen Garde, Gabriel de Lorges, spätern Grafen Montgomery, den er, nach den Festlichkeiten zu Ehren der Hochzeiten seiner Schwester und seiner Tochter, noch zu einem Gange mit ihm gezwuugen hatte. Die Lanzenspitze drang dem König ins Auge, (s. Bild oben S. 138) und er starb am 10. Juli. Seine Witwe Katharina von Medici liess den unglücklichen Thäter nach langen Jahren unter dem Vorwande der Ketzerei grausam hinrichten. Als auch 1571 Karl IX. im Turnier durch den Herzog von Guise verwundet wurde, nahmen die Spiele in Frankreich ein Ende. In Deutschland fanden noch unter Maximilian II., so z. B. 1565 in Wien, Turniere statt.

----

3. Ende des Rittertums.

Die Zeit der Reformation war der Anfang vom Ende des Rittertums. Das Feudalwesen, die notwendige Voraussetzung des letzteren, hatte durch die völlige Ausbildung der Landeshoheit bei den einzelnen Fürsten, durch die Zunahme selbständiger Macht der Städte und durch die Ohnmacht des Reiches seinen Halt verloren. Ausserhalb Deutschlands aber geschah dies durch das andere Extrem, durch die stramme und straffe Ausbildung der absoluten königlichen Macht. Wo das Lehenswesen aber noch bestand, war sein Fortleben nur noch ein Kampf mit der Auflösung, die sich bis in das 18. Jahrhundert hinzog. Ohne das Rittertum war es ja ein Körper ohne Seele, und dieses hatte seine Bedeutung durch die Verallgemeinerung des Gebrauchs der Feuerwaffen und durch die Zunahme der stehenden Heere verloren und verlor noch mehr Boden durch die Reformation; denn der religiöse Charakter des Rittertums war katholisch, und seit dem Auftreten der Reformation fiel die Verteidigung der alten Kirche den

ihr anhängenden Fürsten und ihrer Geistlichkeit zu und liess
den Rittern nichts zu thun übrig. Ja, ein Teil der Ritter
machte den Versuch, mit der neuen Kirche einig zu gehen.

Schütze mit teilweiser Eisenrüstung. (Demmin.)

An ihrer Spitze standen die beiden Ritter Franz von Sickingen
und Ulrich von Hutten, beide Schüler des Humanismus,
dieses Vorläufers der Reformation in der Opposition gegen
das Papsttum. Sie schlossen sich der radikalen Richtung
an, welche über Luther hinausging, während dieser auf der
Wartburg verborgen war. Sickingens Ebernburg war ein
Asyl aller Verfolgten, auch Huttens, der damals begann, in

seiner Schriftstellerei die lateinische Zunge gegen die deutsche zu vertauschen. Beide aber verbanden mit den religiösen noch politische Pläne. Ein Reich der Ritter, der Städte und

Soldat des 17. Jahrhunderts. (Demmin.)

vielleicht auch der Bauern, ein protestantisches Reich sollte an die Stelle des katholischen treten, welches der spanisch erzogene Karl V. und die meisten deutschen Fürsten nach

Kräften zu halten suchten, obschon bereits mehr als die
Hälfte des Reiches der alten Kirche entfremdet war. Sickingen
hatte zwar unter seinen Standesgenossen das Raubrittertum
und das Fehdewesen zu Grabe getragen; aber kopflos unternahm er einen Krieg gegen den Erzbischof von Trier, mit
dem der Sturz der altgesinnten Fürsten beginnen sollte; er
fiel bei der Verteidigung seiner belagerten Burg Landstuhl
1523. Hutten aber endete als kranker Flüchtling auf der
einsamen Insel Ufnau im Zürichersee. Das waren die letzten
Ritter, die noch für ein Ideal, wenn auch ein unklares, eingetreten waren. Schon wenige Jahre hernach, 1525, sehen
wir andere ihrer Standesgenossen, Götz von Berlichingen und
Florian Geyer, ohne innere Sympathie, aus Abenteuerlust
oder gezwungen, im B a u e r n k r i e g e sich an die Spitze
zügelloser Haufen stellen. Mehr als sie bewirkten die Lands-
knechtführer Georg von Frundsberg und Schertlin von Bur-
tenbach, mit denen sich beinahe eine neue Art von Rittertum
bilden zu wollen schien, das aber mit dem Ende des Lands-
knechttums nach dem Siege der Feuerwaffen wieder verschwand.

Statt dessen nahm das R a u b r i t t e r t u m wieder überhand. Götz von Berlichingen lobte es mit cynischen Worten;
Thomas von Absberg übte es mit grausamen Thaten, und
in Mecklenburg war Henneke Holstein der Schrecken des
Landes. Sogar die Frauen der Raubritter freuten sich über
deren Treiben. Einer der gefährlichsten dieser Wegelagerer,
Wilhelm von G r u m b a c h, verleitete in Gotha den beschränk-
ten, eiteln und abergläubigen Herzog Johann Friedrich II. von
Sachsen nicht nur zu dem Plane, die von seinem Vater ver-
lorene Kurwürde wieder zu gewinnen, sondern sogar zu dem
Versuche, mit ausländischer Hilfe die Kaiserkrone zu erlangen.
Aber der Plan wurde entdeckt; der Herzog fiel in die Reichs-
acht und blieb bis zum Tode ein Gefangener des Kaisers,
Grumbach aber wurde gevierteilt (1567).

Nach dieser Zeit verschwand das Raubrittertum, und
seine Stelle nahmen in verstärktem Masse, die jeweilen unbeschäftigten Söldner, in den Religionskriegen aber auch die
beschäftigten ein. Das echte Rittertum dagegen spielte keine
Rolle mehr. Der Adel war nur noch ein Stand, keine höhere

Kulturgenossenschaft mehr. Seine Hauptbeschäftigung war die Misshandlung der Bauern und Leibeigenen; und er konnte dies um so mehr thun, als nach dem Bauernkriege seinen Gliedern nicht nur ihre Verluste ersetzt, sondern weit mehr Güter und Rechte verliehen worden waren, als sie je vorher besessen hatten. Die bisher noch freien Bauern versanken in Leibeigenschaft, Frohndienste wurden ihnen auferlegt und wenn sie deren Leistung verweigerten, wurden sie von Haus und Hof vertrieben. Den ärgsten Druck führte das Jagdregal mit sich. Kurfürst August von Sachsen (1553—1586) verjagte die Bewohner ganzer Dörfer und liess ihre Wohnstätten niederreissen, um Wildbahn zu gewinnen .Ja, er verbot sogar dem Adel die Jagd und behielt sie sich allein vor, und so thaten auch andere Fürsten. In Brandenburg wurde 1550 und in Braunschweig 1588 dem Adel auch der Gebrauch von Kutschen verboten, deren sich nur der Hof bedienen durfte. Am Ende des 16. und im 17. Jahrhundert erscheinen als handelnde Mächte allein die Fürsten, die Söldnerführer und die Geistlichen; den Adeligen war es nur vergönnt, als Hofleute und Heerführer sich hervorzuthun.

Die Höfe allein hatten noch das Vorrecht des Glanzes und der Pracht und der Regierung im Lande. Der kaiserliche Hof in Wien, dann der brandenburgisch-preussische, der sächsisch-polnische und der bairische Hof zeichneten sich darin besonders aus, alle nach dem Vorbilde und in Nacheiferung des «Sonnenkönigs» und seinen Prunkschöpfungen in Versailles und Marly.

Der Adel, der das Rittertum verloren und sich vom Bürgertum wieder völlig getrennt hatte, drängte sich daher nach den Höfen und suchte an diesen in Hof- und Staatsämtern und Offiziersstellen emporzukommen. Die geringen Edelleute aber, denen dies nicht vergönnt war, und die auch nichts rechtes gelernt hatten, schlugen ihre Zeit mit Trinken, Spielen und Jagen, Duellen und Raufhändeln tot, brüsteten sich mit Beobachtung einer steifen Etikette, waren auf Erweiterung und selbst Erdichtung von Wappen und Stammbäumen erpicht, gingen auch oft in fremde, besonders französische Dienste und bemühten sich nach ihrer Heimkehr, wälsche Sprache, Moden und Unsitten zu pflegen, ohne sich vom altgermanischen Hange zu Spiel, Trunk und Waffengebrauch zu entfernen.

Da indessen der Weg zum Hofe durch den Adel ging, drängte sich hinwieder das Bürgertum nach adeligen Titeln, besonders was die Offiziere und reichen Kaufleute betrifft. Das mit Finanzen nie besonders gesegnete Reich war nicht karg mit dem Verkaufe von Adelsbriefen, in die auf Wunsch und gegen Geld auch die Ahnen eingeschlossen wurden. Der alte Adel war von diesem Streben nicht erbaut, versagte den Neugeadelten die Aufnahme in seine Orden und Stifte, und nannte sie verächtlich «Heringsnasen» und «Pfeffersäcke». Diese entschädigten sich ihrerseits durch Aufwand in Kleidung, Mobiliar, Wohnung, Gastmählern und Livreebedienten, wodurch sie sich freilich oft zu Grunde richteten und gleich den verarmten Altadeligen, welche «Krippenreiter» genannt wurden, ein ärmliches und bettelhaftes Leben führen mussten.

Das Turnier war vollständig aufgegeben, und nach völliger Unterbrechung aller Ritterspiele durch das blutige und brandige des dreissigjährigen Krieges, begannen nach dessen Ende leichtere und ungefährlichere, zugleich aber prachtvollere und auch kunstreichere Übungen im Reit- und Waffenwesen. Es kam das anfangs auch noch «Turnier» genannte, dann aber als Karussel oder Ritterspiel bezeichnete R i n g e l r e n n e n und R i n g e l s t e c h e n in die Mode. Es bestand aus glänzenden Aufzügen in blendenden Kostümen, in Scheinkämpfen zwischen verschiedenen, meist allegorisch ausgestatteten Gruppen mit Musik, im Rennen, Werfen und Schiessen nach aufgesteckten Zielen. Eine Abart war das R o s s b a l l e t t, wobei die prachtvoll geschmückten Ritterzüge (z. B. Ritter der Luft, der Erde, des Feuers und des Wassers) mit Prunkwagen, auf welchen als Göttinnen verkleidete Damen thronten, hochtrabende Verse vor sich her deklamieren liessen und dann zum Kampfe schritten, bei dem gegen Verwundungen gesorgt war und der mit glänzender Versöhnung schloss. Solche Spiele fanden besonders bei fürstlichen Hochzeiten an den grossen Höfen zu Wien, Berlin und Dresden statt, aber auch an kleineren, so 1750 in Baireuth. Noch im Jahre

1793 wurde in Rudolstadt ein regelrechtes Turnier abgehalten. In Preussen machte schon der Vater Friedrichs des Grossen 1717 dem Lehenswesen ein Ende, indem er, ohne den Ritterstand zu fragen, alle und jede Adels-, Schulzen- und Bauernlehen «auf ewig für Allodial- und Erbgüter und den Lehensverband mit allem, was den Lehensrechten und Herkommen anklebe, oder wodurch die Vassallen ihre Lehen verdienten», für aufgehoben erklärte. In den österreichischen Erblanden hob unter Maria Theresia der Staatskanzler Fürst Wenzel Kaunitz alle Lehensrechte auf und setzte an ihre Stelle den centralisierten Staat.

Noch bis zum Ende des 18. Jahrhunderts bestanden im Süden und Westen des Reiches 1500 unabhängige Reichsritterschaften im Besitze von wenigstens 350 Familien, auf einem Gebiete von kaum 200 Quadratmeilen und mit etwa 200000 Unterthanen. Diese Ländchen, meist nicht viel mehr als Gemeinden, waren in höchstem Grade verwahrlost und verschuldet. Ihnen machten die Invasionen der Franzosen, deren Revolution 1789 das Feudalwesen zerstört hatte, ein Ende, ebenso dem Lehensrechte, soweit es sonst noch bestand. Damit verschwand auch die letzte Spur eines Rittertums, — wenn auch nicht der Ritterlichkeit.

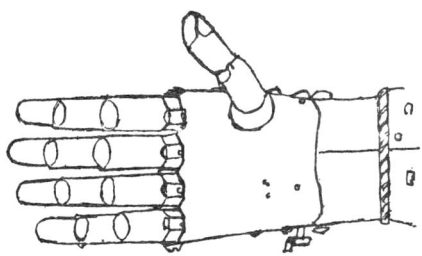

Eiserne Hand des Götz von Berlichingen. (Demmin.)

Zweite Abteilung.
Die geistlichen Ritterorden.

Allgemeines.

Mit dem weltlichen Rittertum ist die Geschichte des Rittertums überhaupt nicht erschöpft. Das Mittelalter erzeugte vielmehr eine neue Seite dieser Erscheinung, welche in der gesamten übrigen Geschichte ihresgleichen nicht findet. Den Anlass zu dieser Schöpfung boten die Kreuzzüge, deren übrige Verhältnisse ein besonderer Band dieser «Illustrirten Bibliothek der Kulturgeschichte» zu schildern hat. Und zwar geschah dies mit einer logischen, im Verlaufe der Kulturentwickelung begründeten Notwendigkeit. Die Bestrebungen des Mittelalters, d. h. der Zeit, in welcher die mittel- und nordeuropäischen Völker danach rangen, den hohen Ruhm der Kultur, den erst die morgenländischen, dann die südeuropäischen Völker bereits erlangt hatten, ebenfalls zu erlangen, was sie dann in der sogenannten neuern Zeit erreichten, — diese Bestrebungen bestanden in einem doppelten Kampfe, nämlich im Kampfe um die Macht und in demjenigen um den Glauben, oder kurz gesagt, in Krieg und Theologie. Daher waren denn auch die Kämpfer beider Arten des Streites, die Kämpfer für den Glauben oder die Mönche, und die Kämpfer für die Macht oder die Ritter, die geachtetsten und einflussreichsten Stände des Mittelalters, wie auch der Herr der Mönche, der Papst, und der Herr der Ritter, der K a i s e r, dieser nur bis zum Anwachsen der grösseren Königreiche, nachher nur noch im sogenannten römischen Reiche, — als die mächtigsten Personen der Welt, als die Herrscher, jener über die Seelen, dieser über die Leiber bewundert wurden. Beide Stände und ihre beiden Herren aber traten in die nächste Verbindung zur Zeit der Kreuzzüge. Die Mönche, geleitet vom Papste, riefen zur heiligen Kreuzfahrt auf, die Ritter, geleitet vom Kaiser und von den Königen und übrigen Fürsten, zogen zum heiligen Kriege aus und eroberten das heilige Land, das verlorene Grab des Gottessohnes, und damit den höchsten Hort des mittelalterlichen Glaubens. Und als es erobert war, als ein christliches Königreich Jerusalem nach dem Muster der europäischen Staaten dastand, da erwuchs, als notwendige Spitze des mittelalterlichen Strebens, die Vereinigung des Mönchtums und des Ritertums in den g e i s t l i c h e n R i t t e r- o r d e n, deren Glieder zugleich das Schwert der Ritter schwangen und das Kreuz der Mönche hoch hielten!

Die geistlichen Ritterorden waren Mächte im Mittelalter; ihre «Meister», auch «Ordens-» oder «Hochmeister», die man erst seit neuerer Zeit «Grossmeister» zu nennen sich gewöhnt hat, nahmen den Rang nach den Päpsten, Kaisern und Königen ein und nannten sich «von Gottes Gnaden». Ja sie anerkannten sogar keinen weltlichen Herrscher als ihren Vorgesetzten, sondern nur den Papst, und auch diesen nur dem Namen nach. Die Päpste begünstigten diese Orden und überhäuften sie mit Lobsprüchen und Vorrechten, fürchteten sie aber insgeheim und nahmen gern ihre Dienste in Anspruch, wobei sie sich hüteten, sie vor den Kopf zu stossen. Denn sie hatten es vorzüglich ihnen zu verdanken, dass sie nicht nur, wie früher, geistliche, sondern auch körperliche Waffen gegenüber den weltlichen Fürsten zur Verfügung hatten.

Die Meister dieser Orden wurden von einem Wahlkörper ernannt, dem eine Anzahl (bei den Templern acht) Ritter angehörten und der sich selbst ergänzte. Der Meister war Oberbefehlshaber der Heeresmacht des Ordens; seine Stellvertreter waren: der Seneschall im Frieden und der Marschall im Kriege. Mit diesen und weiteren Würdenträgern, z. B. dem Schatzmeister, Drapierer (Aufseher über das Bekleidungs- wesen), Turkopolier (Anführer der Hilfstruppen) u. a., bildete der Meister den K o n v e n t, der die höchste Gewalt im Orden ausübte, mit sämtlichen Rittern höhern Ranges aber das G e n e r a l k a p i t e l.

Erster Abschnitt.

Die Tempelritter.

1. Ursprung und Charakter.

Im Jahre 1118 oder 1119 traten in Jerusalem acht französische Ritter, an ihrer Spitze Hugo de Payns und Geoffroy de Saint-Omer, zu einer Gesellschaft zusammen, welche unter dem Namen der «armen Ritter Christi» mit der Befolgung der drei Mönchsgelübde nach der Regel des heil. Benedikt noch die weitere Verpflichtung verband, das heilige Land zu verteidigen und die nach demselben reisenden Pilger gegen jeden Überfall durch Ungläubige oder Räuber zu schützen. König Balduin I. und der Patriarch von Jerusalem nahmen sich ihrer an, und ersterer überliess ihnen in seinem auf den Ruinen des salomonischen Tempels errichteten Palaste eine Wohnung, nach welcher sie in der Folge den Namen der Ritter des T e m p e l s erhielten. Die Synode von Troyes, zu welcher sich die Stifter selbt verfügten, bestätigte 1128 den Orden und erteilte ihm eine Ordensregel und das weisse Ordenskleid der Cistercienser, welchem Papst Eugen III. 1146 ein rotes Kreuz auf der Brust beifügte.

·Die Templer, welche in ihrer Stiftungsurkunde die «armen Genossen des Tempels in der heiligen Stadt» hiessen, hatten schon nach einem halben Jahrhundert ihres Bestehens ausgedehnte Besitzungen in Asien und Europa, die ihnen Könige und Fürsten aller christlichen Länder zu verleihen wetteiferten. In der ersten Zeit nach ihrer Gründung lebten sie noch bescheiden und mässig, kleideten sich schlicht, vermieden allen Aufwand und Schmuck, jagten nur nach schädlichen Raubtieren und enthielten sich aller Unkeuschheit. Mit der Zeit jedoch, als sie reich wurden, nahmen Hochmut,

Aufwand, Müssiggang, Lüderlichkeit u. s. w. unter ihnen
überhand, ja sie wurden vielfach ihrer Bestimmung untreu,
gestatteten sich Gewaltthaten und übten sogar während der
Kreuzzüge oft Verrat an ihren Waffengefährten. Auch waren
sie nicht mehr gewissenhaft in der Aufnahme neuer Mitglie-

Grossmeister der Templer.
Nach: La chevalerie et les croisades.

der und liessen unter diese eine Menge Leute von unlauterm
Charakter und dunkler Vergangenheit zu.

Ursprünglich hatte der Orden nur weltliche Ritter, wenn
auch mit geistlicher Regel gehabt. Das Streben nach Unabhängigkeit, das ihn mehr und mehr beseelte, führte ihn
jedoch mit der Zeit dahin, auch wirkliche Geistliche aufzunehmen, die dann eine besondere Klasse, die der Kleriker

bildeten, den Gottesdienst und die Seelsorge innerhalb des Ordens zu besorgen hatten und von jeder geistlichen Gewalt ausserhalb desselben unabhängig, allerdings aber auch von jeder Bekleidung geistlicher Stellen in der Aussenwelt ausgeschlossen waren. Innerhalb des Ordens aber hatten sie keinen Einfluss und mussten in allem den Willen der Ritter thun.

Eine dritte Klasse, die der Servienten oder dienenden Brüder, bildete sich durch den bereits erwähnten wachsenden Stolz der Templer, die sich keiner Arbeit mehr unterziehen mochten. Diese Dienerstellen waren indessen sehr gesucht; denn wenn ihre Inhaber auch zu den Ordensämtern nicht emporsteigen konnten, so hatten sie doch ein sorgenfreies Leben und gute Verpflegung. Teils arbeiteten sie für die Ritter, teils zogen sie mit ihnen als Söldner in den Krieg.

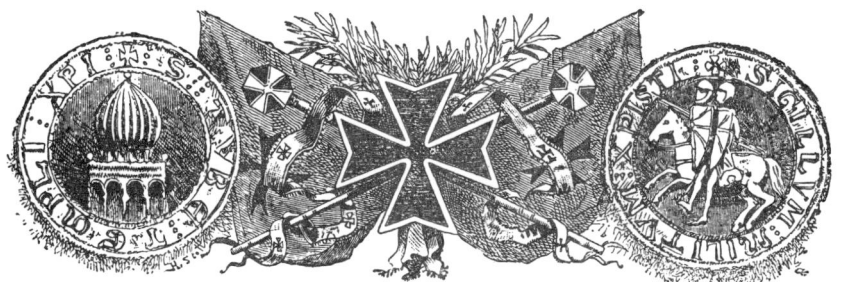

Siegel und Wappen der Templer.

Endlich zog der Orden noch als vierte Abteilung die sogenannten Affiliierten an sich, sowohl Männer als Frauen, welche weder die geistlichen Gelübde ablegten, noch in den Ordenshäusern wohnten, aber im Interesse des Ordens thätig waren und ihn oft als Erben einsetzten. Zu ihnen gehörten auch die Donaten, die sich freiwillig verpflichteten, dem Orden Dienste zu leisten, und die Oblaten, die schon als Kinder von ihren Eltern zum Eintritt in den Orden bestimmt waren und dieser Voraussicht gemäss erzogen wurden. Alle diese Klassen unterschieden sich durch verschiedene Kleidung, welche jedoch nur bei den Rittern stets dieselbe, schon genannte, blieb. Die Glieder aller Klassen aber nannten sich «Brüder», und dies brüderliche Verhältnis drückte eines der

Ordenssiegel aus, welches zwei auf einem Pferde sitzende
Ritter zeigte.

Die Templer hatten unter allen geistlichen Ritterorden
die ausgedehntesten Privilegien. Ausser den bereits (oben
S. 189) genannten waren sie von allen kirchlichen Abgaben
frei, erhielten sogar durch die Gunst der Päpste das Recht,
gebannte Ritter aufzunehmen und in Kirchen, die mit dem
Interdikt belegt waren, Gottesdienst halten zu lassen, auch

Templer im Kriegs- un l Hausgewande.

Kirchen zu bauen und Friedhöfe zu errichten, und unterstan-
den keinem andern Bischof als dem von Rom, was alles die
Geistlichkeit mit Hass und Neid gegen sie erfüllte.

Als ihr Orden unterging, besassen die Tempelritter ein
Reich von 5 Provinzen im Morgen- und 16 im Abendlande,
und darin 10500 Ordenshäuser und Burgen.

Ein Staatsgebiet hatten sie sich nicht zu verschaffen gewusst; denn das Königreich Aragon mit Navarra, welches
ihnen 1131 König Alfonso I. vermachte, konnten sie, mit
Ausnahme einiger fester Plätze, nicht gewinnen, da das

Testament nicht vollzogen wurde, und die Insel Cypern, die sie 1191 dem König Richard Löwenherz, der sie erobert hatte, um 100,000 Goldbyzantiner*) abkauften, verloren sie infolge ihrer Gewaltthätigkeit gegen die Bevölkerung durch einen Aufstand derselben. Besser verstanden sie es, das Geld beisammenzubehalten; im Iahre 1307 bezog der Orden der damals 20,000 Ritter zählte, 60 Millionen Mark heutigen

Templerburg in England. (La chevalerie et les croisades.)

Geldes (der König von Frankreich nicht ganz 2 Millionen!). Die Templer trieben Handel- und Wechselgesshäfte, liehen den Fürsten grosse Summen, vermieteten ihre Flotte und wagten Spekulationen aller Art. Aber weder für wohlthätige Zwecke verwendeten sie ihre Kapitalien, noch für Gastfreund-

---

*) Der Byzantiner, auch oft schlechtweg als Goldstück bezeichnet, hatte einen Metallwert von etwa 8, einen heutigen Geldwert aber von wohl 64 Reichsmark.

schaft, ausgenommen gegen hohe Personen, die ihnen von Nutzen sein konnten, ja nicht einmal, wenn sie nicht dazu gezwungen wurden, zu Gunsten des heiligen Landes! Das Gold war ihr Gott! Im Besitze solcher Macht strebten die Templer nach keinem geringeren Ziele, als nach einer Art von Weltherrschaft, die sie mit Hilfe des Papstes zu erreichen hofften, dessen Garde sie zu bilden, den sie aber in Wahrheit nur als ihr Werkzeug zu betrachten dachten.

Durch diese Tendenzen wurde der Orden eine Gefahr für die Staaten; er wurde aber auch eine solche für die Kirche, mit deren Hilfe er emporsteigen wollte, denn er war, wenigstens in seinen Hauptteilen, besonders in Frankreich, wo er mächtiger war als anderswo, nicht nur nicht kirchlich gesinnt, sondern geradezu kirchenfeindlich. Die Misserfolge der Kreuzzüge trugen vorzugsweise dazu bei, dass er diese aufzugeben und sich in das Abendland zurückzuziehen wünschte, um hier seine Reichtümer zu geniessen. War schon dies dem päpstlichen System zuwider, so war es noch bedenklicher, dass in manchen Teilen des Ordens eine mit dem kirchlichen Christentum durchaus unvereinbare, unfromme, ja frivole Gesinnung Platz griff, die in einer geheimen Lehre und einem geheimen Kultus Ausdruck fand. Diese Lehre scheint mit derjenigen gewisser Sekten, namentlich der Albigenser, verwandt gewesen zu sein, welche einen obersten Gott des Himmels und einen untern der Welt verehrten und letzterem die Entstehung des Übels in der Welt zuschrieben. Für die angedeuteten Teile des Ordens, wozu namentlich die französischen Templer gehörten, gab es daher kein Christentum, weder im ursprünglichen, noch im kirchlich ausgebildeten Sinne; sie besassen eine eigens für sie bearbeitete Übersetzung der Bibel ins französische, und während in ihren Ordenskirchen die Messe mit Glanz und Pracht gefeiert wurde, übten sie daneben in ihren Kapitelsälen oder Kapellen einen geheimen Gottesdienst. Die kirchliche Beichte wurde von diesen Teilen des Ordens nicht beobachtet, sondern nur vor den geistlichen Brüdern auf formlose Weise abgelegt, das Abendmahl gegen die kirchliche Vorschrift unter beiderlei Gestalt genossen und nur als Brudermahl betrachtet. Rätselhaft ist die Verehrung gewisser Bilder, die den Templern vorgeworfen wurde, weniger desjenigen Johannes des Täufers, den sie über Christus setzten, als des sogenannten Idols, über dessen Gestalt und Bedeutung nichts sicheres bekannt ist. Dagegen beruht die Beschuldigung, dass sie bei Aufnahme in den Orden das Crucifix hätten anspeien müssen, entweder auf einer blosen Gehorsamsprobe oder auf böswilliger Erfindung; letzteres ist unzweifelhaft von anderen Anklagen anzunehmen, die der Anstand zu nennen verbietet.

2. Der Untergang des Ordens.

Nachdem die Erfolge der Kreuzzüge vollständig zu nichte geworden waren und die Europäer auf dem Festlande Asiens keinen Fussbreit Boden mehr ihr eigen nannten, am Ende des 13. Jahrhunderts, beschäftigten sich die Päpste mit der Frage nach der künftigen Aufgabe der geistlichen Ritterorden. Es waren aber, wie wir nachher sehen werden, nur noch die Tempelritter ohne eine andere Bethätigung als die der Verwaltung ihrer weitausgedehnten Güter. Die meisten Ordensglieder ergaben sich einem müssigem Leben in ihren europäischen Besitzungen; nur der letzte Grossmeister Jakob von Molay residierte mit seinen Beamten und dem Konvente zu Simissol auf der Insel Cypern.

Nun dachte damals (um 1305) der in Frankreich gewählte und in Avignon wohnende Papst Clemens V. an eine Vereinigung der bedeutendsten Ritterorden zu einem einzigen und an Wiederaufnahme der Kreuzzüge mit dessen Hilfe. Seine Anregung aber traf bei den Orden auf Widerspruch. Zugleich war König Philipp IV. der «Schöne» von Frankreich dem Tempelorden gegenüber, dessen Pläne er ahnte, höchst ungnädig gesinnt, und so vernahm er nicht ungern, dass bei der französischen Inquisition Klagen über die Ketzerei der Templer einliefen, infolge welcher der Inquisitor Imbert ihn zum Einschreiten gegen die ungläubigen Ritter aufforderte. Derselbe richtete seine Klage auch an den Papst, der

nun, ob deshalb oder nicht, ist unklar, die beiden Ordensmeister der Johanniter und der Templer zu einer Besprechung
über den von ihm geplanten neuen Kreuzzug einlud. Da
aber der Johanniter, welcher eben Rhodos belagerte, verhindert war zu erscheinen, so folgte nur Molay der Einladung,

Der Tempel, damals bei, später in Paris. (La chevalerie et les croisades.)

aber gegen den Wunsch des Papstes mit seinem ganzen
Konvente, dem Archiv und dem Schatz des Ordens, welcher
150000 Goldgulden und 12 Pferdeladungen Silbergeld betrug, — und rannte damit in sein Verderben. Es ist nicht
bekannt, ob Clemens damit einverstanden war, dass Philipp
in der Nacht vom 12. zum 13. Oktober 1307 alle Templer
in ganz Frankreich verhaften und ihre Güter mit Beschlag

belegen liess. Dass er dabei vor allem den Reichtum des Ordens im Auge hatte, beweist der Umstand, dass er sofort im Ordenshause, dem sogenannten «Tempel», welches damals noch ausserhalb der Mauern von Paris lag und den nach Frankreich gebrachten reichen Ordensschatz barg, seine Wohnung aufschlug. Er ahnte nicht, dass nicht ganz ein halbes Jahrtausend später einer seiner Nachkommen in demselben Gebäude ein Gefangener sein werde!

Hier begann nun der Prozess gegen den Orden, welchem man verschiedene Arten von Ketzerei und ausschweifendes Leben zur Last legte, wobei die Folter nicht gespart wurde. Dem Papste jedoch lag die Sache nicht recht, da er den Prozess als in s e i n e Kompetenz gehörend betrachtete. Endlich verständigten sich aber beide Potentaten, und der Papst ordnete die Verhaftung der Templer auch in den übrigen Ländern an, die aber in Portugal nicht vollzogen wurde. Seitdem war der Prozess Sache des Papstes, welcher mit anerkennenswerter Milde verfuhr und die vom König verlangte Todesstrafe ablehnte. Aber je weiter die Untersuchung ging, desto mehr verflüchtigte sich diese Milde, und die Bischöfe, denen der Papst die Sache übertragen, handhaben die Folter scharf. Die Haltung der Angeklagten sprach nicht sehr zu ihren Gunsten; sie verwickelten sich in viele Widersprüche, namentlich benahm sich Molay sehr schwankend, und er wie andere legten bald Geständnisse ab, bald widerriefen sie solche.

Während der Untersuchung starben 36 Templer im Kerker zu Paris. Am 12. Mai 1310 wurden ihrer 54, später noch 8 und in Reims 9, welche ihre Geständnisse zurückgenommen hatten und alle ihre Unschuld beteuerten, verbrannt. Clemens war es nun, der auf die äusserste Härte drang und 1312 auf Andringen des Königs den Orden aufhob, ohne das in Vienne versammelte Concil zu beraten, vor welchem Abgesandte der Ritter um Gnade baten. Das Trauerspiel endete damit, dass der in letzter Zeit standhafte Grossmeister und einer seiner Beamten ohne gerichtliches Urteil auf Befehl des Königs am 11. März 1313 auf einer Insel der Seine bei langsamem Feuer verbrannt wurden. Acht Monate nach

ihm starb der König, nach fünf weiteren Monaten auch der
Papst!

Merkwürdig ist nun, dass in Spanien, Deutschland und
England und sogar in der päpstlichen Stadt Avignon die
Templer schuldlos befunden wurden und auch in Italien
wenigstens kein Todesurteil gegen sie erfolgte. Viele Templer

Concil in Vienne. (La chevalerie et les croisades.)

wurden lebenslänglich eingekerkert; viele aber, die der Verhaftung entgangen waren, irrten in Gebirgen und Wäldern
umher oder traten zu den Johannitern über, denen der Papst
die Güter des Tempels geschenkt hatte, während der König
das Ordenshaus und den Schatz behielt. In Portugal aber
waren die Ritter nicht nur nicht verhaftet worden, sondern

dort allein wurde die Auflösung des Ordens nicht vollzogen; er nahm dort unter König Dionys den Namen des «Ordens Jesu Christi» an, blieb aber, wie übrigens schon bisher, von der Krone abhängig, und einer seiner Grossmeister, Prinz Heinrich, der Seefahrer, nahm hundert Jahre später die Güter des Ordens zu seinen wichtigen Entdeckungsfahrten in Anspruch, durch welche die Auffindung des Seewegs nach Ostindien vorbereitet wurde. Jezt ist er auch ein päpstlicher Orden. Im übrigen haben sich mehrere Herren, Orden, Kirchen und Klöster kleinerer Hinterlassenschaften des Tempelordens bemächtigt, welcher, so schuldig auch viele seiner Glieder sein mochten, durch einen Gewaltakt unterdrückt wurde, der n u r als Justizmord bezeichnet werden kann.

-----

3. Die modernen Templer.

In die Geschichte der geistlichen Ritterorden gehören eigentlich ihre modernen Nachahmungen nicht, da sie weder · geistlich, noch Ritterorden waren und sind, und wir gedenken ihrer hier nur, um zu zeigen, dass kein geschichtlicher Zusammenhang zwischen jenen Orden und diesen Nachahmungen besteht.

Erst um die Mitte des 18. Jahrhunderts entstand in Frankreich die Fabel, dass die Freimaurer von den geistlichen Ritterorden der Kreuzzüge abstammten. Zuerst behauptete man: von den Johannitern, später aber mit mehr Erfolg: von den Templern. Der Grund dieser Erdichtung lag ohne Zweifel in dem Bestreben der adeligen Freimaurer, sich über ihre bürgerlichen Brüder zu erheben; denn sie gab sofort zur Errichtung sogenannter höherer Grade Anlass, die sich über die aus dem Maurerhandwerk stammenden Stufen der Lehrlinge, Gesellen und Meister erhaben dünkten. Die Fabel ist nun folgende Einige vor der Verfolgung des Ordens fliehende Tempelritter seien nach Schottland gekommen und hätten dort, um ihren Unterhalt zu finden, als Maurer gearbeitet. Nachdem sie dann von dem Tode des

unglücklichen Molay und dessen angeblichem Wunsche einer
Fortsetzung des Ordens gehört, hätten sie den Freimaurerbund gestiftet. Es gibt noch mehrere Abweichungen von
dieser Erzählung. Ihnen allen steht jedoch die doppelte
Thatsache entgegen, dass der Freimaurerbund erst im Jahre
1717 in London entstand und dass die Grossloge von
Schottland von einer solchen Entstehung des Bundes in ihrem
Lande nichts weiss und daher auch die Bezeichung der sogenannten höheren Grade als «schottischer» niemals anerkannt
hat, auch abgesehen davon, dass zwischen den Einrichtungen
und Anschauungen des Templerordens und des Freimaurer-
bundes nicht die mindeste Ähnlichkeit besteht. Die Be-
zeichnung dieses Bundes als eines «Ordens», welche von
jener Fabel herrührt, ist daher auch falsch, indem er nichts
von einem Orden an sich hat.

Diejenigen sogenannten Hochgrade der Freimaurer nun
(denn es entstanden auch andere), welche an die Templer-
sage anknüpften, waren vorzüglich der Sammelplatz des im
Bunde damals zahlreich vertretenen katholischen Adels und
zugleich der Herd, von welchem aus die Wiedereinsetzung
des aus England vertriebenen Hauses Stuart auf den britischen
Thron betrieben wurde, — ein Streben, dem die bürgerliche
und protestantische Grosszahl der Freimaurer durchaus fremd
blieb. Die Logen, welche sich diesem Treiben ergaben,
nahmen Zeremonien an, die den kirchlich-katholischen auf-
fallend glichen; auch bedienten sie sich der lateinischen
Sprache und eines Kostüms, das dem der Tempelritter nach-
geahmt war. Diese Maskerade fand auch in Deutschland
Eingang, wo der ehrliche, aber von ritterlichen Phantasien
erfüllte Freiherr Karl Gotthelf von Hund und Altengrottkau
das meiste zu ihrer Ausbreitung beitrug. In der Folge traten
mehrere Abenteurer auf, welche teils jenen Schwärmer miss-
brauchten, teils ihm seine Würde als «Heermeister» streitig
machten, welche Intriguen ihn 1776 in das Grab brachten.
Endlich aber wurden die Freimaurer jener Abenteurer und
Schwindler satt und liessen 1782 auf dem Konvente im
Wilhelmsbade bei Hanau das moderne Templerwesen, oder
wie man es auch nannte: die strikte Observanz, vollständig

fallen. Einige Reste davon flüchteten sich in das sogenannte schwedische System, welches noch jetzt einen durchaus
kirchlichen Anstrich besitzt, aber schon manches davon aufgegeben hat. Ein komischer Ableger der strikten Observanz
war der 1771 in Wetzlar unter Göthe's Mitwirkung entstan-
dene «Ritterbund», der sich aber über das Ritterwesen nur
lustig machte.

Merkwürdiger Weise lebten in späterer Zeit die falschen
Templer abermals auf. In Paris gab es solche in der ersten
Hälfte des 19. Jahrhunderts, die ihre eigene Sage vom Zu-
sammenhang mit den wirklichen Templern hatten und sich
als solche verkleideten, daneben eine Art rationalistischer
Richtung verfolgten, aber mit den Freimauern in keinerlei
Verbindung standen und bereits seit 1848 verschollen sind.

Dagegen gingen aus den sogenannten höheren Graden
der Freimauerei nach einem zu Anfang dieses Jahrhunderts
erfundenen, als «schottisch» bezeichneten System sogenannte
Neutempler hervor, welche Abzweigungen in den drei britischen Reichen und in den Vereinigten Staaten von Nordamerika haben, deren Organisation jedoch von jener der
drei alten maurischen Grade durchaus getrennt ist. Sie
haben einen orthodox-protestantischen Charakter, behaupten
von den alten Templern zu stammen, tragen aber ein neu
erfundenes Kostüm, das dem templerischen wenig oder nicht
ähnelt, teilen sich in Heerlager (Encampments) und halten
öffentliche Aufzüge. Sonst ist von ihren «Thaten» nichts
bekannt.*)

---

*) Über alles nähere mit Bezug auf diesen Abschnitt s. des Verfassers
«Buch der Mysterien», 3. Aufl.

Zweiter Abschnitt.

Die Johanniter.

1. Die Hospitaliter.

Als geistlicher Ritterorden dem des Tempels an Alter um weniges nachstehend, ist der «Orden St. Johannis vom Spital zu Jerusalem», als Orden überhaupt älter. Er ist der einzige geistliche Ritterorden, der sich unmittelbar aus einem Mönchsorden gebildet hat. Dieser letztere wurde um die Mitte des 11. Jahrhunderts in Jerusalem von einem Kaufmann aus Amalfi nach der Benediktinerregel gegründet und später neben seinem Kloster ein Hospital zur Verpflegung von Pilgern und zu Ehren Johannes des Barmherzigen errichtet, welches seit dem Beginne der Kreuzzüge bedeutende Schenkungen von Ländereien in Europa erhielt. An der Besorgung des Hospitals nahmen auch ritterliche Kreuzfahrer Teil, welche sich ausserdem zum Schutze der Pilger und zum Kampfe für das heilige Land verpflichteten. Das Beispiel des Templerordens war dann die Veranlassung, dass nach dem Tode des Obern Gerhard dessen Nachfolger Raymund du Puy den Mönchsorden 1120 in einen «Ritterorden des Hospitals St. Johannis» verwandelte und zum Patron desselben Johannes den Täufer erkor. Der Orden teilte seine Thätigkeit in Verpflegung der Armen und Kranken, Unterstützung der Pilger und der aus mohammedanischer Gefangenschaft befreiten Leute, Ermöglichung von Ehen zwischen Unbemittelten, Aufnahme ausgesetzter Kinder u. s. w. Die Krankenhäuser des Ordens waren vortrefflich eingerichtet und mit Ärzten, Betten, Heil- und Lebensmitteln wohl versehen. Im 12. Jahrhundert verpflegte der Orden beständig an 2000 Kranke, er kann eigentlich als der Gründer europäischer Krankenpflege betrachtet werden und genoss zu seiner Zeit allgemeiner Verehrung. Seitdem aber der Orden ritterlichen Charakter angenommen, wurde die oben genannte Thätigkeit den dienenden Brüdern überlassen, während die Kleriker des Ordens die Seelsorge in seinen Besitzungen übernahmen, die Ritter aber sich dem Waffenhandwerke widmeten und die Aufnahme in ihre Reihen an gewisse Bedingungen der Herkunft knüpften, die aber nicht immer beobachtet wurden. Ausser den genannten drei Klassen zählte der Orden zu seinen Angehörigen, freilich in lockerm Verbande, die weltlichen Gruppen der Donaten, welche in seinen Schutz traten und oft später sich förmlich in seine Reihen aufnehmen liessen, und der Confratres, vornehmer Leute, die ihm Schenkungen machten und an den kirchlichen Freiheiten, die er sich ähnlich den Templern erwarb, Anteil nahmen. Diesem Verbande traten auch Frauen als Consorores bei. Auch gab es in Spanien geistliche Frauen, die dem Orden affiliirt waren und der Krankenpflege und Wohlthätigkeit lebten.

Ältere Tracht der Johanniter.

Durch diese Organisation gelangte der Orden des Hospitals zu eben solchem Reichtum und Einfluss, wie derjenige des Tempels und zu ebenso grosser Unabhängigkeit von der kirchlichen Hierarchie. Das ritterliche Element wurde mehr und mehr die Hauptsache und der nrsprüngliche Zweck Nebensache. Der Grundzug des Ordens wurde militärisch, und diese Richtung drückte sich in seiner Verfassung aus. Nachdem die Johanniter früher die mönchische Tracht, einer schwarzen Kutte mit weissem Kreuz beibehalten, nahmen sie

später die ritterliche eines roten Untergewandes und eines
schwarzen Mantels mit dem Kreuze an, welches zur Erinnerung an die acht Seligkeiten der Bergpredigt acht Ecken
hatte. Die anfänglichen Verbote kostbarer Stoffe wurden
nicht mehr beobachtet; auch wurden die Ritter laxer in Bezug
auf die früheren strengen Vorschriften bezüglich der Nahrung

und Wohnung, tranken Wein
statt nur Wasser, beschränkten
das Fasten und wohnten in
eigenen Zimmern.

Als der Orden durch Schenkungen immer reicher wurde,
nannte er ein Reich sein, das,
wenn auch aus zertrennten Gütern bestehend, den Orient, soweit und solange er im Besitze
der Christen war, und alle Staaten
des Abendlandes umfasste. Zu
seinen Besitzungen gehörten tausende von lehenspflichtigen Edelleuten, ganze Stadtteile, weite
Landbezirke und einzelne Höfe, Ca-
salia genannt, auch einzelne Häuser in zahllosen Städten ferner
Mühlen, Weinberge, Wälder, Stein-
brüche, Salinen u. s. w. die aber alle
durch Kauf, Verkauf, Tausch und
Schenkungen beständigem Wechsel unterworfen waren. Sein Haupt-

Grabmal der Beatrice Cornel,
Priorin der Hospitaliterinnen in
Aragon.
(La chevalerie et les croisades.)

sitz war, so lange die Christen sich
dort hielten, Jerusalem, und zwar
der grosse Häuserbezirk des «Hospitals», gegenüber der Kirche
des heiligen Grabes. Um das heilige Land hatte er ganze Ketten
von Burgen, besonders gegen Ägypten, später mehr gegen
Osten; zusammenhängenderes Gebiet besass er in der Graf-
schaft Tripolis und im Fürstentum Antiochia. Sein festester
Punkt war hier seit 1186 das Schloss Margat oder Markab,
wo tausend Mann Besatzung lagen. Fast hundert Jahre hauste

hier der Orden; 1285 fiel die Burg in die Hände der Sarazenen. Nicht weniger fest war das 1125 eroberte Johanniter-
schloss K a rr a k oder'das Kurdenschloss bei Tripolis, das aber
schon 1271 fiel. Die Johanniter waren nahe daran, im Gebiete
von Antiochia einen Ordensstaat zu gründen und lagen darum
lange im Streite mit den dortigen Fürsten.

Auf seinen Gütern besass der Orden auch Hörige und
sogar wirkliche Sklaven, die sich ihm zum Teil freiwillig
hingegeben, teils ihm geschenkt waren, deren Verkauf aber

Hospitaliter.

durch die Ordensstatuten beschränkt (nicht verboten) war.
Getauft werden durften die Sklaven, wenn sie Nichtchristen
waren, nur mit Erlaubnis des Meisters.

Die Einnahmen des Ordens bestanden in Zöllen, die
ihm verliehen waren, in Zehnten, in Bussen und Strafgeldern
seiner Unterthanen, in Renten und im Nachlasse verstorbener
Brüder. Auch machte der Orden Geldgeschäfte in Anleihen
u. s. w. Seine Einkünfte werden auf 36 Millionen Francs
geschätzt, und man sagte ihm Bestechungen und andere un-
edle Handlungen nach. Zur Zeit seiner grössten Macht war
der Orden des Hospitals in acht nach Ländern benannte

sogenannte Zungen eingeteilt, welchen die Ritter angehörten,
welche diese «Zungen» sprachen, gleichviel wo sie sich auf-
hielten. Die Namen desselben waren: Provence, Auvergne,
Frankreich, Italien, Aragon, Castilien, England und Deutschland. An der Spitze einer jeden stand ein Grossprior, der
zugleich ein bestimmtes Ordensamt bekleidete, nämlich der

Schloss Karrak.

von Auvergne als Marschall, der von Italien als Grossadmiral,
der von Provence als Schatzmeister, der von Frankreich als
Grosshospitalier, der von Aragon als Ordensdrapier, der von
Castilien als Grosskanzler, der von England als Oberene-
schall und der von Deutschland als Grossordensbailli. Alle

Grosspriore bildeten den Rat des Grossmeisters; unter ihnen
standen Distriktspriorate und unter diesen Balleien und Com-
menden der Komthureien.

2. Die Rodiser.

Die Macht der Hospitaliter im Morgenlande hatte durch
den Fall von Margat einen unheilbaren Stoss erlitten, und
bei der vergeblichen Vertei-
digung von Tripolis 1289
büssten sie dieselbe völlig ein.
Dies war indessen eine Neme-
sis; denn die beständigen
Streitigkeiten zwischen ihnen
u. den Templern trugen einen
grossen Teil der Schuld am
Verluste des heil. Landes für
die Christen. Auch in sittlicher Beziehung standen sie,
von ihren Anfangen abge-
sehen, kaum über den Templern, von deren tragischem
Schicksal sie indessen ver-
schont blieben, da gegen sie,
wenn schon Verdacht, doch
keine Beschuldigung der Ketzerei erhoben wurde und sie
sich durch eine feste Eroberung
rung bei Zeiten Unabhängigkeit zu erwerben gewusst hatten. Nachdem das heil. Land
vollständig verloren war,
liessen sich die Johanniter
vorerst gleich den Templern
auf Cypern, und zwar in derselben Stadt, Limissol, nieder,

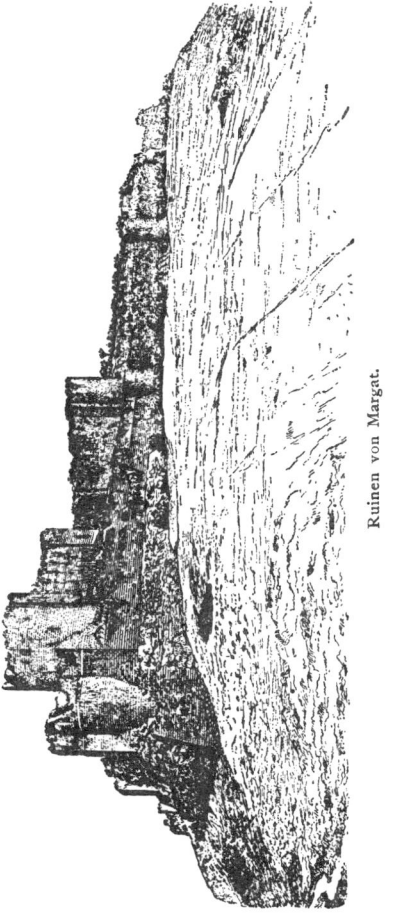

Ruinen von Margat.

welche sie befestigten. Streitigkeiten mit dem König der Insel,
Heinrich II., veranlassten jedoch den Grossmeister Wilhelm
von Villaret, sich nach einem andern Sitze des Ordens

umzusehen, wozu er die Insel R o d o s erkor, welche damals
der Familie Gualla unter byzantinischer Oberhoheit gehörte
und ein gefährlicher Schlupfwinkel türkischer Seeräuber war.
Von demselben Papste und demselben französischen König,
welche die Templer unterdrückten, mit Geld und Schiffen
und von einem Heere von Rittern und Söldnern unterstützt,
eroberte Fulko von V i l l a r e t , Wilhelms Bruder und Nachfolger, im Jahre 1309 die Stadt Rodos und in weiterer vier
Jahren die übrige Insel, wozu später noch einige in der Nähe
liegende kleinere Inseln und sogar ein Teil der gegenüber-
liegenden Küste von Kleinasien, nämlich die Stätte der

Rodiser Rtter.

Vaterstadt Herodots (Hali-
karnassos) kam, wo 1399
die Festung San Pietro
(jetzt Budrun) errichtet
wurde. Das kleine Insel-
reich der R o d i s e r , wie
die Johanniter nun genannt
wurden, gewährte sowohl
griechischen wie lateini-
schen Christen Religions-
freiheit, sowie unbe-
schränkte Handelsfreiheit,
gelangte zu hoher Blüte
und war mit seinen zahl-
reichen Fürsten ein Schrek-
ken der Türken, welche
1312 und öfter von An-
griffen auf die Insel zurückgeschlagen wurden. Leider
aber übten die Ritter auch gegen die Griechen der benachbarten Inseln Seeräuberei. Dabei versanken sie, wenn sie
nicht gerade Krieg fürten, in Schwelgerei und Verschwendung,
gaben die Krankenpflege auf, hatten mit ungetreuen Gross-
meistern langwierige Streitigkeiten und gerieten in Schulden.
Doch gelang es ihnen 1344, im Bunde mit Frankreich, Venedig,
dem Papste, Byzanz und Cypern, Smyrna zu erobern, das
aber der blutige Mongole Timur 1402 wegnahm.
    Später gelangte der Orden auch innerlich wieder zur

Blüte, wozu der Grossmeister Helion de Villeneuve das meiste beitrug, und ein späteres Ordenshaupt, Dieudonné de Gozon (1346—1353) kam durch seine Tapferkeit gegen die Feinde in den Ruf, als junger Ritter einen Drachen erlegt zu haben. Einer seiner Nachfolger, Reimund Berengar (1365 —1374) half dem Könige Peter I. von Cypern Alexandria in Ägypten einzunehmen, das aber wieder aufgegeben werden musste.

Budrun.

Nachdem die Johanniter 1455 noch einmal die Türken von Rodus zurückgeschlagen hatten und leider auch genötigt waren, dasselbe gegen die sie angreifenden Venetianer zu thun, sandte Sultan Mohammed II., der Eroberer Konstantinopels, 1480 gegen die Insel eine Flotte von 160 Schiffen und über 100,000 Mann unter dem Oberbefehl eines Renegaten aus dem früher in Byzanz regierenden Hause der Paläologen, welcher Grosswesir geworden war. Der Grossmeister Pierre d' Aubusson verteidigte die Stadt mit heldenhafter Tapferkeit, wobei die Ritter mit dem Schwerte in der Hand bis an den Gürtel ins Meer niederstiegen, um

den Belagerern die Spitze zu bieten. Umsonst suchte M i s a c h
Paläologos, durch Unterhandlungen Herr der Stadt und Insel
zu werden und sogar den Grossmeister durch Gift aus dem
Wege zu räumen. Ein Renegat, der das letztere unternommen,
wurde entdeckt und als man ihn zum Galgen führte, von

Kaserne der Rodiser Ritter.

den Bewohnern der Stadt in Stücke zerrissen. Aubusson
ging auf die Unterhandlungen mit Misach scheinbar ein, ver-
stärkte aber unterdessen die Festungswerke und wies alle Vor-
schläge und Überredungskünste des Gegners entschieden zurück. Der türkische Wesir schwur nun, alle Ritter über die
Klinge springen zu lassen, liess Pfähle spitzen, um sie zu

spiessen und betrieb den Sturm aufs äusserste. Aubusson, fünfmal verwundet und von Blut überströmt, hielt auf seinem Posten aus und war so glücklich, die anstürmenden Türken zu zersprengen.

Nun hattten die Rodiser eine Zeitlang Ruhe, namentlich als sie nach dem Tode Mohammeds II. dessen Sohn D s c h e m, der vor seinem Bruder Bajesid II. geflohen war und ihn mit

Übergabe Dschems an Karl VIII. von Frankreich 1495.

Hilfe der Christen zu verdrängen dachte, einige Jahre als Geisel in den Händen hatten. Später aber traten sie ihn dem Papste Alexander VI. ab, der ihn jedoch dem Könige Karl VIII. von Frankreich überliess, und hier starb Dschem an Gift.

Sultan Bajesid hatte die Christen in Ruhe gelassen, aus Furcht, sie möchten Dschem gegen ihn benutzen. Sein Sohn S e l i m I., der ihn stürzte, hatte mit Persien und Ägypten zu schaffen, dachte aber bereits an die Vernichtung des Staates der Johanniter, dieser «Höllenhunde», wie er sie nannte, weil sie sich erlaubten, auf die türkischen Piraten Jagd zu machen; er starb jedoch (1520), ehe er diesen Plan verwirklichen konnte, und hinterliess ihn seinem Sohne Suleiman II.,

Algier im 17. Jahrhundert.

dem grössten aller Sultane und zugeich dem letzten der osmanischen Blütezeit, wenn man eine schändliche Reihe von Blut und Brand so nennen darf. Er begann jenes Vernichtungswerk, indem er den Rittern, die ihm ein Pfahl im Fleische seines werdenden Weltreiches waren, höhnisch die Eroberung Belgrads anzeigte. Der Grossmeister Philipp de Villiers de l' Isle Adam verstand den Wink wohl und traf seine Massregeln der Vorsorge. Aber das Ende war gekommen. Kurz vor der Mitte des Jahres 1522 zog der Wesir Mustafa-Pascha mit 300 Schiffen und 10,000 Mann dem Sultan voraus, welcher zu Lande mit 100,000 Mann nachfolgte, unterstützt durch den Verrat des Ordenskanzlers André Amaral, Grosspriors von Castilien, welcher ein Nebenbuhler des Grossmeisters gewesen war und dem Orden Rache geschworen hatte. Durch ihn erfuhr der Sultan den ungünstigen Zustand der Festungswerke nnd der Besatzung, und begann am 1. August den Angriff. Er erlitt grosse Verluste, aber beharrte auf dem Vorhaben, um jeden Preis zu siegen. Nachdem er 100,000 Mann, die fortwährend ersetzt wurden, verloren, 52 Minen gesprengt, 85,000 Kugeln verschossen und 20 vergebliche Stürme unternommen, musste endlich, am 21. Dezember, der Grossmeister, dessen Mannschaft stark geschmolzen war, der zahllos anwachsenden Übermacht weichen und mit schwerem Herzen kapituliren. Der Orden erhielt freien Abzug binnen 10 Tagen und Sicherheit für die Bewohner der Insel. Trotzdem drangen schon nach 5 Tagen 15,000 Türken raubend und mordend ein und schändeten Kirchen und Klöster. Am ersten Tage des Jahres 1523 zogen die Ritter nach mehr als 200jährigem Besitze der Insel mit 4000 Mann aus Rodos ab und nahmen ihren Weg über Kreta nach Neapel und Civitavecchia.

---

3. Die Malteser.

Im Jahre 1530 übergab Kaiser Karl V. den aus Rodos vertriebenen Johannitern die Inseln Malta, Gozzo und Comino nebst dem 1509 von ihm eroberten Tripolis (das sie aber 1551 wieder an die Türken verloren), unter der Bedingung beständigen Kampfes gegen die Ungläubigen. Seitdem hiessen sie Malteser-Ritter. Der Kaiser zögerte nicht, die Ritter auf dem Felde, das er ihnen zuwies, zu beschäftigen. Als er (1541) seinen Felezug gegen Algier unternahm, schlossen sich etwa 100 Ritter seinem Heere an, unter ihnen

S a v i g n a c da Balaguer, der Fahnenträger des Ordens, und
Durand de V i l l e g a g n o n , der nachherige Geschichtschreiber
dieses Kriegszuges. Die Kaiserlichen bemächtigten sich aller
die Stadt beherrschenden Punkte, und Alg ier schien verloren
zu sein. Da wurde es durch furchtbare Regengüsse gerettet,
welche das christliche Heer überfielen, das auf solches nicht
vorbereitet · war, und die Flotte am Landen verhinderten.
Dazu kam ein Ausfall der Algierer, welcher unter den Christen
arge Verheerungen bewirkte. In dieser Not bewährten sich
die Malteser am tapfersten; um das von dem kühnen Savignac
getragne Banner geschaart, zersprengten sie die Angreifer,
verfolgten sie und drangen gegen das Thor Bab-Azun vor.
Der Anprall war so wuchtig, dass der Aga Hassan sofort
das Thor schliessen liess und den Verfolgern eine Menge
Landsleute preisgab, die das Thor noch nicht erreicht hatten
und nun niedergemacht wurden. Da aber im christlichen Heere
die grösste Unordnung herrschte, wurden die Ritter nicht
unterstützt. So auf sich allein angewiesen und dem Feuer der
Belagerten ausgesetzt, mussten sie auf den Rückzug denken.
Ehe sie dazu schritten, steckte Savignac seinen Dolch in
das Thor und rief der Besatzung, zu: «Wir werden ihn wieder
holen.» Nachdem die Malteser sich auf den Engpass von
Kantarat-el-Afran konzentriert, hielten sie einen wilden Kampf
aus und verursachten den Feinden bedeutende Verluste,
wobei Villegagnon sich durch Tapferkeit auszeichnete und
einen Araber, der ihn durchbohren wollte, vom Pferde riss
und mit dem Dolche an die Erde nagelte. Die Feinde flohen
auf die benachbarten Höhen und schossen von da aus die
Ritter so zusammen, dass ihrer 38 von 96 fielen. Endlich aber
kam ihnen der Kaiser zu Hilfe, dessen Heer sie gerettet hatten.

Am 18. Mai 1565 griffen die Türken unter Mustafa, dem
Pascha von Buda (Ofen), Malta selbst an, um die Wegnahme
eines türkischen Warenschiffes zu rächen. Es gelang ihnen,
sich des Forts Sant' Elmo, welches die Malteser 24 Tage
lang verteidigten, zu bemächtigen, wobei sie Dragut, den
Vice-Sultan von Tripolis verloren. Als Malta bereits 2000
Verteidiger verloren hatte und sich nur noch durch den
Mut des Grossmeisters Jean Parisot de la V a l e t t e hielt,

der den Sturm auf das Kastell Sant' Angelo siegreich ab-
schlug, nahte endlich die Hilfe unter Don Garcia de Toledo,
Vicekönig von Sicilien, und die furchtbar geschwächten
Türken zogen ab.

Sie hatten in diesem dreimonatlichen Kampfe 78000
Kanonenschüsse abgegeben und 15000 Soldaten, sowie 8000
Matrosen, die Malteser 3000 Mann verloren. Das Ringen
war so wütend, dass die Türken die Köpfe ihrer Gefangenen
auf Pfähle steckten und anderen ein Kreuz in die Brust

Malteser Ritter des 16. Jahrhunderts im Hausgewande.

schnitten und sie so in den Hafen warfen, — die Ritter aber
die Köpfe ihrer Gefangenen als Kanonenkugeln gegen die
Feinde abschossen. Der Grossmeister liess, um die Insel
besser zu sichern, eine neue Stadt bauen, die seinen Namen
L a v a l e t t a erhielt, und der Orden hatte seitdem Ruhe vor
den Türken, an deren Niederlage in der Seeschlacht bei
Lepanto er teilgenommen hatte.

Die Malteser hatten vom alten Johanniterorden nur noch
den Namen und waren eine rein kriegerische, religiöse und

politische Körperschaft geworden. Ihr Auftreten war viel
luxuriöser als früher, und sie trugen jetzt ein goldenes, weiss
emailliertes Kreuz am schwarzen Bande auf der Brust. Dabei
verhielten sie sich nicht nur gegen die Mohammedaner,
sondern auch gegen die Protestanten als eifrige Katholiken.
Als in England die Reformation eingeführt wurde, unterdrückten sie (1537) die den Namen jenes Landes führende
«Zunge». Ja sie griffen sogar englische Schiffe an und
nahmen Waren protestantischer Kaufleute weg, bis unter
Cromwell eine englische Flotte diesem Treiben ein Ende
machte.

Der Staat der Johanniter auf der Inselgruppe von Malta
nahm sein Ende, als Bonaparte auf seinem Zuge nach
Ägypten dort anlegte. Unter den Rittern war Thatlosigkeit
und Wohlleben herrschend geworden, die Disciplin gelockert
und die Festungswerke in Verfall geraten. Der letzte
Grossmeister, Ferdinand von Hompesch. war schwach und
beschränkt und stand mit dem Keiser Paul von Russland
in Verbindung, welcher, obwohl Schismatiker, für den Orden
schwärmte und dessen Protektion zu übernehmen wünschte,
auch wirklich zum Grossmeister gewählt, aber vom Papste
nicht bestätigt wurde.

Durch französische Ritter von allen Verhältnissen unter-
richtet, verlangte der Corse die Übergabe der Inseln, welche
die Ritter am 13. Juni 1798 der französischen Republik ab-
traten, worauf sie Malta verliessen Aber schon zwei Jahre
später ergab sich der französische Komandant Vaubois den
Engländern, welche Malta dem Orden zurückzugeben sich
weigerten und es für sich behielten, was Bonaparte trefflich
zu einer Verständigung mit dem darüber erbosten Kaiser
Paul benutzte, der sich für den rechtmässigen Grossmeister
hielt, und dem er den erbeuteten Degen des einstigen Ordens-
hauptes Villiers (oben S. 215) sandte. Obwohl dann im Frieden
von Amiens (1. Oktober 1801) die Rückgabe von Malta an
die Johanniter bedingt war, verweigerte England dieselbe, da
es jenen Frieden nur als einen Waffenstillstand betrachtete
und sich nicht für berufen hielt, die Stellung seiner Feinde,
Frankreichs und Russlands, zu stärken. Nach Pauls Ermordung

machte A l e x a n d e r I. noch einen Versuch zu Gunsten des Ordens, aber ohne Erfolg, und Malta ist bis heute britische Besitzung geblieben. Da indessen der neue russische Kaiser auf die Grossmeisterwürde keinen Ansprnch erhob, wurde dieselbe von den noch übrigen Rittern 1802 dem Prinzen Ruspoli und 1803 dem Grafen Tommasi übertragen, nach dessen Tode (1834) aber nicht wieder besetzt, sondern durch Stellvertreter ausgeübt und erst am 28. März 1879 durch Papst Leo XIII. wieder hergestellt, worauf der Bruder Giov. Battista Ceschi a S a n t a C r o c e damit bekleidet wurde.

Aber bevor dieses geschah, hatte der Johanniter-Orden bereits seine frühere Ansdehnung verloren und bestand nur noch aus Bruchstücken seiner frühern Grösse. Die Reformation hatte in den Niederlanden, in England und in den skandinavischen Reichen die Einziehung seiner Güter zur Folge gehabt. Das russische Grosspriorat, das der Orden dem Kaiser Paul zu Ehren errichtet, nachdem dieser ihm Ländereien mit einem Einkommen von über 300,000 Gulden angewiesen, war wie ein Traum verflogen. In Spanien hatten sich die dortigen Ritter bald nach dem Abzuge des Ordens aus Malta von diesem losgesagt und eine besondere Ordensgruppe gebildet, der König aber die Güter eingezogen und sich selbst zum Grossmeister erklärt; doch scheint diese Stiftung ohne Aufsehen erloschen zu sein.

So stehen unter dem, wie gesagt, wieder hergestellten Grossmeistertum nur noch die Grosspriorate von Rom, von Neapel, das erst 1841 durch Kaiser Ferdinand von Österreich errichtete lombardisch-venetianische, und das von Böhmen, ferner fünf Associationen von Ehren- und Devotionsrittern, nämlich eine rheinisch-westfälische, eine schlesische, eine britannische, eine französische und eine spanische.*) Der Sitz des Ordens ist seit 1834 R o m.

Ausserdem hat ein schottischer Zweig des britischen Johanniterordens den Namen der Templer angenommen, doch ohne mit den (S. 201 ff. genannten) aus der Freimauerei hervorgegangenen Neutemplern in Verbindung zu stehen.

---

*) Nach B e r t o u c h, Geschichte der geistlichen Genossenschaften und der daraus hervorgegangenen Ritterorden. Wiesbaden 1887.

4. Die deutschen Johanniter.

In Deutschland hat der grössere Teil des hier bestehenden Johanniterordens eine eigene, von den Schicksalen
derselben in Rodos und Malta unabhängige Entwickelung
genommen. Der Grosspior von Deutschland führte den
Titel «Johannitermeister durch Deutschland» und «Oberster
Meister des St Johanniterordens in deutschen Landen» und
besass seit 1548 durch Kaiser Karl V. die Reichsfürstenwürde.
Sein Sitz war Heitersheim im Breisgau, und seine Würde
erhielt stets der älteste Ritter der «Zunge». Unter ihm
standen die Heermeister von Brandenburg, Böhmen, Ungarn
und Dacien, welche beide letzteren jedoch kein Landgebiet
zu verwalten hatten.

Während indessen das Heermeistertum Böhmen in Verbindung mit dem Orden als solchem blieb, erhielt das von
Brandenburg mit der Zeit eine abgesonderte Gestalt, welche
über die Entwickelung der geistlichen Ritterroden hinaus-
schritt.

Markgraf Albrecht der Bär errichtete 1160 eine Ordens-
niederlassung zu Werben an der Elbe, mit der Bestimmung,
am Kriege gegen die Wenden teilzunehmen, welche sich
durch Schenkungen, Kämpfe und die Erbschaft der Templer
vergrösserte und sich, als Unzufriedenheit der Ritter mit Fulko
von Villaret, dem Eroberer von Rodos entstand, der Papst
aber diesen hielt, 1327 als «Ballei Brandenburg» vom
Rodiserorden unabhängig erklärte.

Zwar trat diese Ballei 1382 wieder unter das Grossmeistertum, bewahrte bedeutende Rechte und erhielt die freie
Wahl ihres Heermeisters, den der Grossprior zu Heitersheim
blos zu bestätigen hatte. Sein Sitz war zuerst Werben, seit
1350 Süplingenburg bei Helmstädt, seit 1371 Gartow an der
Elbe und seit 1424 Sonnenburg bei Küstrin. Aber es erhoben sich wieder Zwistigkeiten zwischen Heitersheim und
Brandenburg; als solche im 15. Jahrhundert noch durch Kurfürst Friedrich II. beigelegt wurden, erhielten sie im 16.
Jahrhundert einen ernstern Charakter durch den allmaligen
Übertritt der Ritter zum Protestantismus. Ja der branden-
burgische Orden beteiligte sich als solcher eifrig an der

Reformation, und die Heermeister stellten an ihrem Sitze lutherische Geistliche an; zwei Komthure verehelichten sich sogar. Der Grossprior war über diese Vorfälle sehr ungehalten und verweigerte 1544 die Bestätigung eines evangelischen Heermeisters, der auch gezwungen war, abzutreten. Aber schon 1569 blieb die Nichtbestätigung des Heermeisters Martin von Hohenstein unbeachtet, und es folgten ihm nacheinander fünf evangelische Markgrafen als Heermeister ohne Bestätigung, die aber der Grossprior nachträglich aussprach, als 1625 der katholische Graf Adam von Schwarzenberg die Würde erhielt, der sich jedoch, da bereits die evangelische Confession der Ritter zur Ordensregel erhoben war, verpflichten musste, sich den Ordensregeln zu fügen.

Und so ging es weiter, bis Kurfürst Max Joseph I. von Pfalz- Baiern, nach der Wahl Kaiser Pauls zum Grossmeister, den Orden in seinen Staaten aufhob und seine Güter einzog, womit das deutsche Grosspriorat sein Hauptgebiet verlor. Als dann Baden auch Heitersheim einzog, war das Grosspriorat erloschen und die Ballei B r a n d e n b u r g vollständig unabhängig geworden.

Nachdem Prinz August Ferdinand von Preussen bis 1810 die Heermeisterwürde von Brandenburg bekleidet hatte, befahl König F r i e d r i c h   W i l h e l m III. die Einziehung der Güter des Johanniterordens, 1811 die Aufhebung der Ballei Brandenburg, des Heermeistertums und aller Komthureien des Ordens in Preussen, und 1812 die Errichtung eines königlich preussischen Johanniterordens, zu dessen Grossmeister Prinz H e i n r i c h ernannt wurde. Ein geistlicher Ritterorden war nun der preussische Johanniterorden schon längst nicht mehr; aber er verlor auch den letzten Schein eines solchen, als F r i e d r i c h   W i l h e l m IV. 1852 ihm den neuen Charakter einer «ritterlichen Hospitaliter-Genossenschaft» verlieh, damit aber zugleich auf die ursprüngliche Bestimmung des Ordens zurückgriff. Es wurde zugleich der Titel der Ballai Brandenburg wieder hergestellt und an ihre Spitze ein «Herrenmeister» gestellt, welche Würde nur Prinzen von Preussen bekleiden dürfen. Die Mitglieder müssen dem ältern Adel angehören und evangelisch sein. Ihr Abzeichen ist eine rote Uniform mit weissen Beinkleidern, ein umgehängtes goldbordiertes, achtspitziges, weiss emailliertes Kreuz mit gekrönten schwarzen Adlern in den 4 Winkeln und ein weisses Kreuz auf der linken Brustseite. Unter dem Herrenmeister stehen ein Ordenskanzler, ein Ordenssekretär, ein Ordensschatzmeistsr, ein Ordenswerkmeister, ein Ordenshauptmann und Ordensmarschälle, welche Beamten mit den Komendatoren der 14 Provinzialgenossenschaften das Ordenskapitel bilden, dem in denProvinzen wieder Provinzialkonvente entsprechen, als deren erster Prinz Karl eintrat, dem 1883 Prinz Albrecht, Regent von Braunschweig, folgte. Protektor des Ordens ist der König.

Der Orden beschloss 1864, dass für seine Zwecke die Mitglieder mit eigener Person eintreten sollen; sie haben dies auch durch Krankenpflege im Frieden, wie durch Pflege der Verwundeten und Kranken im Kriege, stets redlich gethan und sind jedenfalls noch einer bedeutenden Entwickelung fähig.

Dritter Abschnitt.

Die Deutschen Ritter und die Schwertbrüder.

1. Die Anfänge des Deutschen Ordens.

Ähnlich dem Johanniterorden entwickelte sich der Deutsche Ritterorden aus der Pflege kranker Pilger im heiligen Lande. Ein deutscher Kreuzfahrer hatte unter König Balduin I. von Jerusalem († 1118) ein Haus zur Aufnahme kranker Landsleute errichtet und daneben eine Kapelle gebaut, welche Stiftungen Papst Cölestin II. (1143) dem Johanniterorden unterordnete. Die dieselben unterhaltende Genossenschaft, die «deutschen Spitalbrüder bei der St. Marienkirche zu Jerusalem» genannt, erhielt mit der Zeit reiche Schenkungen, musste aber die heilige Stadt, als Salaheddin sie eroberte, verlassen und verlegte ihr frommes Werk in das Lager vor Akkon, und zwar in ein aus Segeln der Schiffe deutscher Kreuzfahrer gefertigtes Zelt. Herzog Friedrich von Schwaben, der die Reste des Kreuzheeres seines grossen Vaters Barbarossa nach Akkon brachte, und seine Begleiter nahmen sich der Spitalbrüder an und erhoben ihre Genossenschaft mit Bewilligung Kaiser Heinrichs VI. und Bestätigung des Papstes 1192 zum unabhängigen «Orden deutscher Ritter», dessen Regel eine Zusammenfassung der Regeln des Templer- und des Johanniterordens wurde und als Zweck des Ordens zugleich den Kampf gegen die Ungläubigen und die Krankenpflege aufstellte. Die Ritter waren, wie die übrigen geistlichen Ritterorden, zur Ablegung der drei Klostergelübde, Gehorsam, Keuschheit und Armut verpflichtet (die letztere galt jedoch nicht für den Orden als solchen, der zur Erfüllung seiner Aufgaben der Güter und Einkünfte bedurfte). Sie mussten ferner den Gottesdienst

fleissig besuchen und siebenmal jährlich das Abendmahl geniessen. Die Kleidung der verstorbenen Brüder erhielten die
Armen, den Rest des Nachlasses das Haus.

Nach der Eroberung von Akkon (1191) wuchs das ehe-
malige Krankenzelt zum Spital mit Kirche und eigenen Befestigungen in der Stadt an, und der erste Ordensmeister,
Heinrich Walpot von B a s s e n h e i m, errichtete bereits (1197)
weitere Krankenhäuser in Barletta und Palermo. Anfangs
hatte der neue Orden hart gegen die Ansprüche der Johanniter auf ihre fortgesetzte Aufsicht über ihn und gegen den

Siegel des Deutschen Ritterordens.

Neid der fast durchweg romanischen Templer auf die deutschen Ritter zu kämpfen, daher sich letztere ebenso eng an
das staufische Kaiserhaus schlossen, wie die beiden anderen
Orden an das Papsttum, aber auch bei diesem Schutz fanden
und das Recht erhielten, einen weissen Mantel mit schwarzem
Kreuze zu tragen, so dass ihre Unabhängigkeit bald allgemein anerkannt wurde. Zu Thaten im heiligen Lande selbst
hat der Deutsche Orden allerdings weniger Zeit gehabt als
die beiden fast ein Jahrhundert älteren Orden; dafür aber
lud er auch nicht jene Schuld auf sich, welche die Eifersucht
zwischen jenen beiden zur Folge hatte. Die Kämpfe in
Ägypten um 1218 fanden die Deutschen Ritter in den ersten

Reihen, und die Kranken und Verwundeten genossen bei ihnen vorzügliche Pflege, daher sie auch durch Herzog Leopold VI. von Oesterreich 6000 Mark Silber erhielten und 1229 bei Akkon die Burg Montfort oder Starkenberg bauen konnten, wo der Ordenssitz war, bis 1271 der wilde Sultan Beibars die Burg erstürmte und zerstörte. Eine andere feste Burg des Ordens war Toron. Der Erbauer von Montfort war der vierte und grösste Hochmeister des Ordens, Hermann von Salza (1210—1239), an dessen Name und Wirksamkeit sich die bedeutendste Periode des Wirkens der Deutschen Ritter knüpft, zu der wir nun übergehen, indem wir zugleich in der Geschichte weiter zurückgreifen müssen.

2. Der Deutsche Orden in Preussen und der Schwertorden in Livland.

Es waren seit der Mitte des 12. Jahrhunderts in Livland an der Ostsee deutsche Niederlassungen entstanden, und der Papst liess dort seit 1198 das Kreuz gegen die Heiden predigen. Weil aber die zum Kampfe herbeiströmenden Kreuzfahrer stets nach Erfüllung ihres Gelübdes wieder heimkehrten, rief Bischof Albert von Riga, nach dem Muster der in Palästina gestifteten geistlichen Ritterorden 1202 den Orden der «Brüder des Ritterdienstes Christi» ins Leben, welcher die Regel der Templer und als Abzeichen einen weissen Mantel mit rotem Kreuz und Schwert darauf erhielt, daher man ihn gewöhnlich den Schwertorden und seine Ritter die Schwertbrüder nannte.

Zu gleicher Zeit wurde aber auch in Preussen (dem alten, d. h. den Provinzen Ost- und Westpreussen) das Christentum verbreitet und das Kreuz gegen die Heiden gepredigt. Weil aber die Kreuzfahrer gegenüber den wilden Preussen (einem Stamme der Litauer) wenig ausrichteten, stifteten der dortige Bischof Christian (früher Mönch des Klosters Oliva) und der polnische Herzog Konrad von Masovien 1225, nach dem Muster des Schwertordens, den «Orden der Ritter Christi», der aber gewöhnlich nach seiner Burg Dobrin

benannt wurde und zum Abzeigen einen weissen Mantel mit
rotem Schwert und Stern darauf erhielt, aber sich als zu
schwach erwies um seine Aufgabe zu erfüllen und bald spur-
los aus der Geschichte verschwand. Nun führten Bischof
Christian und Herzog Konrad den schon vorher gefassten
Plan aus, den Deutschen Ritterorden, dessen Hochmeister
Hermann von Salza mit Christian befreundet war, zur Unterstützung des Christentums und der deuschen Kultur nach
Preussen zu berufen. Es war dies der fruchtbarste Gedanke,
den die gesamten Kreuzzüge hervorbrachten, denn er veran-
lasste die Gründung eines Reiches, durch welches mittelbar
das heutige Deutsche Reich ins Leben gerufen wurde,

Der Deutsche Ritterorden war in Europa bereits nicht
mehr unbekannt. König Andreas II. von Ungarn hatte ihm
bei Anlass seines verfehlten Kreuzzuges (1217) das wüste
Buszenland in Siebenbürgen geschenkt, und dort hatte der
Orden im Kampfe gegen die wilden Kumanen (einen türkischen Stamm) eine treffliche Schule durchgemacht, Hermann
von Salza nahm denn auch, in richtiger Voraussicht der
grossen Zukunft seines Ordens, den Ruf nach Preussen mit
Zustimmung seines Freundes, des Kaisers Friedrich II, und
des Papstes Honorius III. 1226 an und sandte gleich eine
Anzahl Ritter und Knechte nach Preussen, wo der «Deutsche
Meister», Hermann von Balk, dem er die Aufgabe übertrug,
die dem Orden anheim fiel, diese in Angriff nahm und von
Herzog Konrad und Bischof Christian die Abtretung des
Kulmerlandes an den Orden erlangte, womit der Grund zu
dem nachherigen Staate des Deutschen Ordens gelegt war.
Die Thaten desselben waren sowohl friedliche, wie die Gründung zahlreicher Städte und der Anbau des Landes, als
kriegerische gegen die ihr Land und ihre alte Religion wütend verteidigenden Preussen, und mit der Zeit fiel ihnen das
ganze Land zu, dessen vollständige Eroberung erst 1273 glückte.

Indessen hatte auch der Schwertorden grosse Erfolge
errungen und ganz Livland und Estland erobert, wurde aber
durch die auf seine wachsende Macht eifersüchtigen Dänen,
Schweden, Russen und Litauer bedrängt, was den Ordensmeister Volquin bewog, dem Hochmeister Hermann von Salza

die Vereinigung der beiderseitigen Orden zu einem einzigen
anzutragen. Aber erst, nachdem Volquin im Kampfe gegen
die heidnischen Litauer gefallen, sahen der Papst und der
Hochmeister die Dringlichkeit des Vorschlags ein und ge-
nehmigten die Vereinigung, welche 1237 erfolgte. Die Schwert
brüder legten die Tracht der Deutschen Ritter an und erhielten
in Hermann von Balk als «Landmeister» ein neues Oberhaupt,
das zugleich Landmeister von Preussen war, welch letzteres
Amt jedoch 1309 aufgehoben wurde, Dieses geschah, als
der Orden, der seit dem völligen Verluste des heiligen Landes
seinen Sitz in Venedig hatte, diesen nach der 1276 erbauten
M a r i e n b u r g verlegte. Hier residirte von nun an der Hochmeister (zuerst Siegfried von Feuchtwangen), und unter ihm
standen die Landmeister der übrigen Länder, in denen der
Orden Besitzungen hatte, nämlich: Armenien, Achaja
(Griechenland), Romanien (das Lateinische Reich von Konstan-
tinopel), Ungarn, Apulien, Deutschland und Livland, während
das Land Preussen unmittelbar unter dem Hochmeister stand.
Den Landmeistern untergeordenet waren die von Landcom-
thuren geleiteten Balleien und diesen die einzelnen Ordenshäuser, denen Hauskomthure vorgesetzt waren. Den Rat
des Hochmeisters bildeten die fünf Ordens-Gebietiger: der
Grosskomthur (Stellvertreter des Hochmeisters), der Ordensmarschall, der Oberstspitteler, der Ordensdrapier und der
Tresler (Schatzmeister). Das Personal des Ordens zerfiel in
Ritter, Barmherzige Brüder und (seit etwa 1220) Priester, wozu
noch die den Oblaten und Donaten der beiden anderen
Hauptorden entsprechenden Halbbrüder kamen, die als
Abzeichen ein halbes Kreuz trugen und in zwei Ordnungen
geteilt waren, jenachdem sie dem Orden ihr ganzes oder halbes
Vermögen verschrieben. Die Halbbrüder der niederen Ordnung
mussten in den Ordenshäusern Dienste thun, während die der
höhern Ordnung frei lebten und verheiratet sein konnten.
Auch gab es Halbschwestern, welche eine geistliche Kleidung
trugen und in besonderen Wohnungen ausserhalb der Ordenshäuser klösterlich lebten.

Der Deutsche Orden betrachtete sein Wirken in Preussen
als eine unmittelbare Fortsetzung desjenigen in Palästina.

Die Ritter nannten die heidnischen Preussen und Litauer
oft «Türken und Sarazenen», tauften mehre Orte ihres neuen
Gebietes: Jerusalem, Golgata, Emmaus, Thal Josaphat, Ägypten,
Gosen u. s. w., und übertugen die Namen ihrer morgenländischen Burgen auf preussische, wie Starkenberg und Thorn
(nach Toron). Wahrscheinlich ist auch Königsberg nach der
Grenzfeste Montroyal nahe dem Toten Meere benannt worden.

Seit der Niederlassung in Preussen gab der Orden seinen
geistlichen Charakter mit Ausnahme der Ehelosigkeit ganz
auf und überliess denselben seinen Priestern, um sich ausschliesslich der Politik und dem Kriegswesen zuzuwenden.
Dabei verwilderte er zusehends. Im Frieden lebten die
Ritter in Saus und Braus. Im Kriege aber trieben sie mit
den ihnen zuziehenden sogenannten Kreuzfahrern einen blutigen Sport in Streifzügen (Kriegsreisen genannt), gegen die
Heiden, wozu freilich deren von verzweifelnder Vaterlands-
liebe eingegebene kulturfeindliche Gräuelthaten die Ritter
reizten. Wurden diese Waffenthaten ganz wie im Orient
betrieben, so erinnerte auch die Bauart der preussischen Burgen,
wie z. B. der Remter in der Marienburg, an die arabische
Baukunst. Doch hat der Orden wie schon gesagt, wenn
auch vorzugsweise zum eigenen Vorteil, Unberechenbares zu
Gunsten der Kultur geleistet und aus Preussen ein deutsches
Land gemacht.

Nachdem der Grossfürst von Litauen, Jagjello, (1386)
Christ und als Wladislaw V. König von Polen geworden,
hatten die «Reisen» der Ritter gegen die Heiden keinen
Sinn und Zweck mehr; die «Kreuzfahrer» blieben aus und
die Ritter erschlafften in Wohlleben und hatten kein be-
geisterndes Ziel mehr vor Augen. Jagjello liess sich die Gelegenheit nicht entgehen, die frühere Behandlung seiner
Landsleute zu rächen und schlug das Heer des Ordens bei
Tannenberg, 15. Juli 1410, wo der Hochmeister Ulrich von
Jungingen fiel. Diesen Schlag überwand der Orden nicht
mehr; seine Hilfsmittel erschöpften sich, ja im Orden selbst
entstanden feindliche Parteien. Die Ritter behandelten ihre
Unterthanen hart und missachteten die Rechte der Städte,
so dass die Bürger und Bauern sich um Schutz nach Polen

Ansicht von Marienburg in der Altzeit.

wandten. Es brach ein neuer Krieg mit Polen aus, welcher
von 1454 bis 1466 dauerte und in dem schmachvollen Frieden
von Thorn endete, durch welchen der Orden Westpreussen,
Ermeland und die Marienburg selbst verlor und die Lehens-
hoheit Polens anerkannte, worauf er seinen Sitz in Königsberg aufschlug. Die Ritter glaubten nun, Ihr Loos zu verbessern, indem sie fortan deutsche Prinzen zu Hochmeistern
wählten, deren letzter aber, Markgraf Albrecht von Brandenburg seit 1511 regierend, sich von Polen unabhängig
zu machen strebte. Er verständigte sich jedoch nach erfolg-
losem Kampfe mit dem Oberlehensherrn (1525), liess sich
von ihm als Herzog von Preussen anerkennen, hob (auf den
Rat Luthers) den Orden auf, trat mit seinem ganzen Lande
zur Reformation über, verheiratete sich und vererbte so
Preussen auf das Haus Hohenzollern.

    Inzwischen hatte der ehemalige Schwertorden in
Livland, wenn auch dem Deutschen Orden eingefügt, doch
ein von diesem abgesondertes Dasein geführt. Dem Landmeister stand ein eigener Ordensmarschall zur Seite; zur Be-
ratung wichtiger Angelegenheiten berief er ein Landkapitel,
das aus den Komthuren des Landes und den Vögten der
einzelnen Schlösser und Burgen bestand, und im Todesfalle
des Landmeisters einen Stellvertreter wählen durfte. Die
Gefahr, in welcher das Land stets schwebte, liess eine Ver-
mehrung der Ritter an Zahl als das notwendigste erscheinen,
und die Päpste unterstützten dieses Streben, indem sie die
Aufnahme von Leuten aller Stände, sogar von Gebannten
und flüchtigen Verbrechern gestatteten. So sammelte sich
in Livland alles Gesindel von nahe und fern unter dem
Ordensbanner und zerstörte alle Zucht im Lande. Als die
die Schlacht am Durbener See (1260) diese Leute aufrieb,
wurden zwar wieder nur Edelleute aufgenommen, die aber
meist Raubritter waren. So ging es, bis der Landmeister
Walter von Plettenberg (1493—1535) bewirkte, dass der
Schwertorden (wie er nun wieder hiess) vom Hochmeister
Markgrafen Albrecht für Zuzug gegen Polen grössere Unabhängigkeit und das Recht der Wahl eines eigenen Heermeisters erhielt. Der neue Heermeister wurde von Kaiser

Karl V. in den Reichsfürstenstand erhoben und nannte sich von da an «Fürstenmeister». Nachdem auch hier die Reformation durchgedrungen war, verheiratete sich der Fürstenmeister Gotthard K e t t l e r 1558, legte, da er aus dem zerrissenen Deutschland keine Hilfe gegen Russland erlangen konnte, seine Würde nieder, trat Livland an Polen ab und wurde dafür von diesem König als erblicher Herzog von Kurland und Semgallen belehnt.

3. Der Deutsche Orden im Westen.

So hatte der Deutsche Orden den ganzen Schauplatz verloren, auf dem ein fruchtbares Wirken ihm geblüht hatte. Er bestand fortan nur noch in Deutschland selbst. Als Hochmeister wählten, nach des Markgrafen Albrecht Rücktritt, die damit unzufriedenen nnd nach Deutschland gezogenen und die bereits hier lebenden Ritter den Komthur von Frankfurt an der Oder, Walter von C r o n e n b e r g, welcher von Karl V. bestätigt wurde und seinen Sitz zu M e r g e n t h e i m in Franken aufschlug. Das Ordenshaupt hiess nun «Hoch- und Deutschmeister», und der Orden zählte im 18. Jahrhundert elf Balleien: Elsass (Burgund), Österreich, Koblenz, Etsch und Gebirge, Franken, Hessen, Altenkirchen, Thüringen, Westfalen, Lothringen und Sachsen. Die 12. Ballei, Utrecht, die Niederlande umfassend, hatte sich schon 1537 getrennt und nahm 1580 die Reformation an. Auch in den evangelischen deutschen Staaten durften die Ritter Protestanten sein und sich verheiraten. Die Besitzungen in Frankreich gingen teils schon durch Ludwig XIV., teils durch die Revolution verloren. Als Napoleon I. den Herrn Deutschlands spielte, masste er sich 1809 an, den Deutschen Orden aufzuheben und bereitete dieses Schicksal 1811 auch der Ballei Utrecht. Auch Preussen hob in seinem Gebiete den Orden auf. Bestehen blieb dagegen der Orden in Ö s t e r r e i c h, wo Kaiser Franz I. den Erzherzog Anton Victor als Hoch- und Deutschmeister und Ferdinand I. 1839 den Erzherzog Maximilian von Este als «Grossmeister» des Deutschen Ordens in Österreich» bestätigte.

Gleich den preussischen Johannitern kehrten auch die österreichischen Deutschritter zur Krankenpflege zurück und schufen den Zweig der Deutschordens-Schwestern, die dem Unterricht und der Krankenpflege leben. Es wurde ein Hospitalfond gebildet und die affillierten «Marianen-Ritter» traten zum Zwecke des Sanitätsdienstes in Frieden und Krieg ins Leben. Zur Mitgliedsschaft des Deutschen Ordens in Österreich ist Adel, deutsche Nationalität und katholischer Glaube erforderlich. Das Ordenszeichen ist ein umgehängtes, schwarzemailliertes, silbergerändertes goldenes Kreuz unter einem blauem Helm mit goldenem Visier und 5 Federn, sowie ein achteckiges schwarzes Kreuz mit weissem Rand auf der Brust.

Nach Wiederherstellung des niederländischen Staates 1815 wurde auch die Ballei Utrecht wieder belebt, und zwar unter dem Protektorat des Königs von Holland. Die Mitglieder, welche reformiert und adelig sein müssen, teilen sich in Komthure und Ritter, dort auch «Junkheeren» genannt.

Vierter Abschnitt.

Die übrigen geistlichen Ritterorden.

1. Im Orient.

Die drei Orden der Templer, der Johanniter und der Deutschen Ritter sind die einzigen geistlichen Ritterorden, welche in der Geschichte eine Rolle gespielt haben. Ausser ihnen sind nur der Vollständigkeit wegen noch andere zu nennen, welche im ganzen dunkel und unberühmt geblieben sind. Wir finden sie auf zwei Stellen: im Orient und auf der iberischen Halbinsel; sie dienten also, wie die drei grossen Orden, auschliesslich dem Kampfe des Christentums gegen den Islam, dessen beide Schauplätze die beiden genannten Stellen der Erdoberfläche waren.

Der älteste dieser weniger bedeutenden Orden ist der mit dem ursprünglichen Johanniterorden dieselben Zwecke verfolgende Orden des heiligen L a z a r u s in Jerusalem. Sein Wirkungskreis war jedoch ein noch engerer als derjenige der Hospitaliter, indem er sich speciell auf die Pflege der Aussätzigen bezog. Zur Aufnahme dieser Unglücklichen gab es schon in vorchristlicher Zeit im Morgenlande, wo diese entsetzliche Krankheit am verheerendsten waltet, Anstalten, besonders bei den Juden. Unter dem Christentum vermehrten und verbesserten sie sich und verbreiteten sich über den ganzen Orient und auch nach Europa, wohin der Aussatz durch die Kreuzzüge eingeschleppt wurde. Um 1226 gab es in Frankreich allein 2000 und im übrigen Europa 19000 «Leproserien».

Es ist nun nicht genau bekannt, wann der «Lazarus-Orden» gegründet wurde, sondern nur, dass er um die Mitte des 12. Jahrhunderts im Morgenlande bereits wirksam war. Seine Tracht war ein schwarzes, weiss besetztes Kleid mit einem grünen Kreuze darauf. Sonderbar ist, dass nicht nur Aussätzige als Ordensglieder aufgenommen wurden, sondern sogar der Grossmeister ein Aussätziger sein musste! König Ludwig VII. von Frankreich nahm bei der Rückkehr von seinem (dem sog. zweiten) Kreuzzuge einige Ritter mit sich

Hospital für Aussätzige.

in sein Land und schenkte ihrem Orden 1154 die Herrschaft Broigny bei Orleans, welches Hauptsitz, sowie ein Schloss mit einer Kirche bei Paris, welche Hospital des Ordens wurde. Ludwig IX. der Heilige liess sich bei seiner Heimkehr ebenfalls von Lazarus-Rittern begleiten. Nach der zweiten

Wegnahme Jerusalems durch die wilden Turkmenen 1253, wobei alle Aussätzigen niedergemetzelt wurden, erhielt der Orden vom Papste die Erlaubniss, seinen Grossmeister aus den Gesunden zu wählen. Bei dem völligen Verluste des heiligen Landes für die Christen aber ging dort die Leproserie zu Grunde, während in Europa, wo sie sich vervollkommete, die Krankheit an Häufigkeit und Gefährlichkeit abnahm, so dass die grossen Schenkungen, welche der Orden mit der Zeit erhalten hatte, nicht mehr seinen Zwecken allein dienen konnten, worauf die Ritter nichts besseres anzufangen wussten als sich der Schwelgerei zu ergeben. Daher hob Papst Innocenz VIII. 1490 den Orden auf und

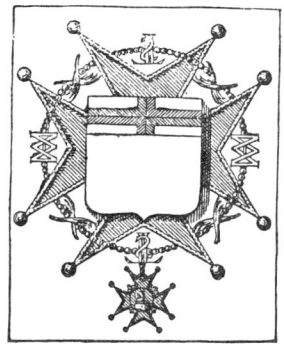 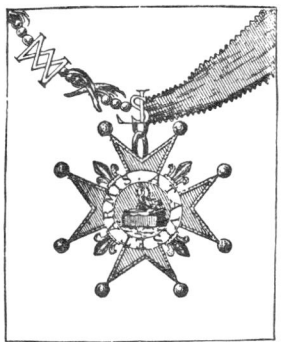

Ordenszeichen des heil. Lazarus.
(La chevalerie et les croisades.)

übergab seine Güter den Johannitern. Merkwürdigerweise fand diese Massregel Im Lande des Papstes, in Italien keine Ausführung; aber Gregor XIII. verfügte 1572 die Vereinigung des Lazarus-Ordens mit dem savoischen Orden des heiligen Mauritius, welcher um 1450 durch Herzog Amadeus VIII. (später Gegenpapst Felix V.) gestiftet worden war. Von dieser Vereinigung an war der «Mauritius- und Lazarus-Orden» ein savoischer Hausorden, dessen Grossmeisterwürde der Herzog, später König von Sardinien bekleidete. Sein Zweck war Verteidigung der katholischen Kirche gegen die Protestanten; es ist jedoch von seiner Thätigkeit in dieser Richtung nichts bekannt.

Indessen war auch in Frankreich die Auflösung des
Lazarus-Ordens nicht vollzogen worden; daher schützte das
Parlament von Paris 1547 den Orden gegen die Ansprüche
der Johanniter auf dessen Güter, und Papst Pius IV. bestätigte
sogar 1565 den Jeannot de Castillon als Grossmeister, so
dass die Verfügung Gregors XIII., gegen welche der Grossmeister
in Broigny protestirte, auf Frankreich keine Anwendung fand.
König Heinrich IV. jedoch gab der Sache eine andere Wen-
dung und vereinigte den Lazarus-Orden 1608 mit dem von
ihm gestifteten «Orden unserer Lieben Frau vom Berge
Karmel», wodurch er die Aufgabe erhielt, in Kriegszeiten
die Person des Königs zu schützen. «Monsieur» der spätere
Ludwig XVIII., verfügte als Grossmeister 1779 die Verleihung

Siegel des Ordens vom heiligen Grabe.

des Lazarus-Kreuzes an diejenigen Karmelritter, die sich als
Militärs angezeichnet hatten.   In der Revolution jedoch ging
der Orden unter.

In Sardinien lebte der Mauritius- und Lazarus-Orden zwar
fort, wurde aber 1816 zu einem Verdienstorden umgewandelt,
als welcher er im neuen Königreich Italien noch immer
besteht.

Ein Ritterorden nur dem Namen nach, in Wirklichkeit
aber nur eine nicht fest geordnete Gemeinschaft unter einem
Grossmeister ist der Orden des heiligen Grabes oder der
Sepulkriten. Er hat auch keinen besonderen Zweck, sondern
dient nur der Erinnerung an die Kreuzzüge, in deren Zeitalter er entstand; näher ist der Zeitpunkt nicht bekannt.

Die Ritterwürde des heiligen Grabes konnte früher jeder Fürst oder Landesherr erteilen. Der Orden erregte kein Aufsehen und wird in der Geschichte selten erwähnt; er bestand aber auch nach den Kreuzzügen im heiligen Lande fort und hatte sogar Grundeigentum in Jerusalem um 1413, und zwar in Verbindung mit den dortigen Franziskanern des Klosters Terra Santa. Innocenz VIII. vereinigte ihn mit den Johannitern. Alexander VI. aber stellte ihn wieder her und setzte sich selbst an dessen Spitze. Zu derselben Zeit hatte ein Deutschritter, namens Johann, der als Pilger 1481 in Jerusalem angekommen war, eine Niederlassung der Grabesritter im ehemaligen Hospital der Johanniter gegründet und im Auftrage von Papst und Kaiser jenem Franziskanerkloster das Recht des Ritterschlags verliehen. Der Guardian fuhr fort, dieses Recht mit Bewilligung der Päpste auszuüben, bis Pius IX. 1847 dasselbe dem lateinischen Patriarchen von Jerusalem übertrug. Es kann jedoch auch schriftlich vollzogen werden. Das Ordenszeichen ist ein rot emailliertes Krückenkreuz mit goldener Einfassung an schwarzem Bande.

2. In Spanien.

Der beinahe siebenhundertjährige Kampf der christlichen Spanier gegen die in ihr Land eingedrungenen arabischen und maurischen Fremdlinge erzeugte, obschon auch die Templer und Johanniter sich daran beteiligten, eine Anzahl einheimischer geistlicher Ritterorden, welche aber niemals den Ruhm der drei grossen Orden erreichten oder auch nur anzustrebten. Die älteren derselben stehen durchaus auf den Schultern der Templer, als deren bewusste Nachahmungen sie in's Leben traten. Der älteste ist wahrscheinlich der Ritterorden von Calatrava; der Abt Reimund von Filero und sein Mönch Diego Velasquez stifteten ihn, als sie 1158 die von den Templern verlassene Grenzfeste jenes Namens gegen die Araber verteidigten und darauf vom König Sancho III. von Castilien zu Lehen erhielten. Der Name des Ordens wurde von 1197 bis 1210, als Calatrava wieder in den Händen der Feinde war, durch den von Salvatierra ersetzt aber nachher wieder angenommen. Der jeweilige Abt von Filero

war Grossmeister der nach der Ciste-cienser Regel lebenden
Ritter, welche auf weissem Mantel ein rotes Lilienkreuz trugen. Papst Innocenz VIII. übertrug die Grossmeisterwürde
des bereits entarteten Ordens auf den König von Castilien
(später Spanien). Als die Mauren aus Spanien vertrieben
waren, gedachte der Orden «die unbeflekte Empfängniss
Marias zu vertheidigen», und im 16. Jahrhundert wurde den
Rittern die Ehe gestattet, 1808 aber der Orden in einen
Verdienstorden umgestalte'. Sein Abzeichen ist ein rot

Ritter von Calatrava.
(La Chevalerie et les croisades.)

emaillirtes Lilienkreuz auf einem viereckigem Schild an
rotem Bande.

Zu derselben Zeit wie der genannte Orden entstand in
Castilien nach dem Vorbilde der Templer der Orden von
Alcantara; gestiftet wurde er durch die Ritter Suero und
Gomez Fernando Barrientos aus Salamanca und den Ein-
siedler Amandus, zum Zwecke des Kampfes gegen die Sarazenen, und hiess zuerst nach der von den Genannten
erbauten Grenzfeste «Don Juan de Pereiro» (Birnbaum).

Ein eigentlicher geistlicher Ritterorden aber, nach der Cistercienser-Regel, wurde die Vereinigung erst 1177 oder 1197 und erhielt 1219 den Namen der dem Orden von König Alfons IX. von Castilien geschenkten Burg Alcántara. Schon 1484 erhielten die Ritter die Erlaubnis zu heiraten, und 1492 vereinigte Alexander VI. die Grossmeisterwürde mit der Krone. Durch die französische Eroberung 1808 seiner reichen Einkünfte beraubt, erhielt der Orden diese 1814 teilweise wieder, wurde aber 1835 durch den Bürgerkrieg aufgelöst. Später als Verdienstorden wieder belebt, wurde er 1873 durch die Republik aufgehoben, 1875 aber von Alfons XII. aufs neue hergestellt. Die Tracht des Ordens war ehedem ein weisser Mantel mit schwarzem Kragen und Skapulier; seit 1441 ist sein Abzeichen ein grünes Lilienkreuz am grünen Bande, das Wappen ein Birnbaum.

In Portugal entstand 1143 durch König Alfons I. eine Waffenbrüderschaft, welche Papst Alexander III. 1162 zum Ritterorden erhob. Seit 1166 nannte sich der nach Cistercienser-Regel lebende Orden nach der eben eroberten Stadt Evora, 1187 oder 1211 aber nach der ihm von Alfons II. geschenkten Stadt Avis: Orden von St. Benoit d'Avis. Er verband sich 1235 mit dem Orden von Calatrava, behielt aber einen eigenen Grossmeister und trennte sich 1385 wieder, als König Johann I. von Portugal diese Würde übernahm. Seit 1789 ist er ein weltlicher Verdienstorden. Die Ritter dürfen sich längst verheiraten und tragen ein grünes Lilienkreuz.

Der vierte spanisch-portugiesische Orden aus dem Mittelalter ist der 1161 oder 1170 zur Verteidigung des Wallfahrtsortes San Jago de Compostela gestiftete und danach benannte, und 1175 von Alexander III. bestätigte Ritterorden. Sein Reichtum stieg am Ende des 15. Jahrhundert auf jährliche Einkünfte von 60000 Dukaten; er zählte damals 400 Ritter und 1000 Lanzen. Zum Cölibat waren die Mitglieder nicht verpflichtet. Nachdem später die castilischen und portugiesischen Ritter sich getrennt hatten, übernahm 1493 Ferdinand der Katholische die Grossmeisterwürde über erstere und später der König von Portugal über letztere.

In beiden Ländern müssen sie sich über 16 Ahnen ausweisen. Die Tracht war früher ein weisser Mantel mit rotem Schwert und einer Muschel; jetzt ist das Abzeiehen in beiden Ländern ein rot emailliertes Kreuz mit unterer schwertartiger

Die Ritter von Montesa vor Maria.

Spitze, dessen andere Seiten lilienförmig enden, die obere aber in Spanien ein Herz trägt.

Von dem Mönchsorden der Trinitarier, welcher um 1200 in Frankreich zum Zwecke der Loskaufung christlicher

Gefangener aus der Sklaverei der Ungläubigen gestiftet wurde, zweigte sich 1223 in Barcelona durch den französischen Edelmann Petrus Nolascus ein gleichnamiger geistlicher Ritterorden ab, welcher die Augustiner-Regel annahm, sich in Ritter und Brüder teilte, sich «Orden unserer lieben Frau von der Gnade» nannte und 1230 von Gregor IX. bestätigt wurde. Als aber die Päpste des 14. Jahrhunderts verfügten, dass nur Geistliche den Vorsitz im Orden bekleiden könnten, traten die Ritter aus und schlossen sich anderen kriegerischen Orden an.

Erst 1319 stiftete König Jakob II. von Aragon den Orden unserer lieben Frau von Montesa, welchem er die Stadt dieses Namens und die Güter des aufgehobenen Tempelordens übergab. Die Ritter erhielten 1572 vom Papste die Erlaubnis zur Ehe. Philipp II. nahm 1587 die Grossmeisterwürde an. Das Abzeichen ist ein goldener Schild mit rotem Rand und Kreuz an rotem Bande, die Tracht ein weisser Mantel mit rotem Kreuz (also die der Templer).

Endlich ist zu erwähnen der ritterliche Damenorden von der Schärpe, 1390 zu Erinnerung an die Verteidigung von Placencia gegen die Engländer unter dem Schwarzen Prinzen durch Johann I. von Castilien gestiftet und später mit dem «Orden der Binde» der 1330 zum Kampfe gegen die Mauren entstand, vereinigt.

Anhang.

Die modernen Ritterorden.

Wie die letzten Abschnitte zeigten, sind alle geistlichen Ritterorden, welche den Untergang der Templer überlebten, mit Ausnahme des heute noch bestehenden maltesischen Zweiges der Johanniter, im Laufe der Zeit verweltlicht worden. Es lag im Zuge der neuen Zeit, die aber in dieser Richtung noch weit in das Mittelalter zurückreicht, dass die Fürsten die Reste des Rittertums, und was überhaupt davon noch zu retten war, in ihre Dienste und in ihr Interesse zogen. Sie thaten dies, indem sie die geistlichen Ritterorden in fürstliche umwandelten und neue fürstliche Orden stifteten, für welche die geistlichen das Vorbild abgaben, was die Organisation betrifft, während dagegen alles, was an das geistliche Element erinnerte, namentlich also die Ehelosigkeit und die persönliche Armut, beseitigt und von den Gelübden nur der Gehorsam, d. h. nur derjenige gegen den Fürsten beibehalten wurde.

Die ältesten fürstlichen Orden finden wir natürlich in Frankreich, als dem Staate, in welchem die fürstliche Macht zuerst zu einer alle Landeshoheit in einer Einheit umfassenden ausgebildet wurde. Hier stiftete Ludwig der Heilige 1233 den Ginster-Orden und verleibte sofort 100 Ritter desselben seiner Leib-Garde ein. Den Orden vom Stern (der 3 Weisen) gründete König Johann 1351, den vom goldenen Schild 1363 und den von der Distel 1370 Ludwig II., Herzog von Bourbon, den vom Hermelin 1381 Johann IV., Herzog der Bretagne, den vom Stachelschwein 1394 Ludwig, Herzog von Orléans. König Ludwig XI. errichtete 1469 zum Andenken seines Vaters (König Karl VII.) den St. Michaels-Orden zu Ehren dieses Schutzheiligen

Frankreichs, der für den ersten Ritter gehalten und auch als
Ritter (Bekämpfer Satans) abgebildet wurde. Der Orden
sollte aus 36 Edelleuten ohne Tadel bestehen. Ludwig XIV.
vermehrte sie auf 100. Das Abzeichen war ein Halsband
aus Muschelschalen mit einem Bilde des Heiligen. Den
Heilig-Geist-Orden stiftete 1578 Heinrich III., welcher

St. Michael als Ritter.

seine (keineswegs rühmlichen) Thaten dem Heiligen Geiste
zu verdanken glaubte, nach dem Vorbilde eines ältern gleichnamigen Ordens, der von Ludwig von Tarent, zweitem
Gatten der Königin Johanna I. von Neapel (1352), herrühren
sollte und von dessen Gebräuchen ein Buch handelte, das
die Republik von Venedig jenem König schenkte, als er aus

Polen zurückkehrte. Eines der Bilder jenes Buches zeigt, dass der alte Orden den Armen Gutes that; der neue Orden war lediglich zum Hofdienste bestimmt, und seine Ritter waren zugleich solche des St. Michaelordens. L u d w i g XIII. erteilte beide Orden an zwei aufeinander folgenden Tagen. Das Abzeichen des Heiliggeistordens war ein Halsband von goldenen Lilien mit Flammen in Email und den Namenszügen des Königs und der Königin, daran ein Kreuz mit einer silbernen Taube, das indessen gewöhnlich an einem blauen Moiré-Bande hing, und die Tracht der R itter war ein

Armenpflege des alten Heiligen-Geist-Ordens.

Mantel von blauem Sammet mit goldenen Lilien darauf. Die Versammlungen des Ordens fanden in der Augustinerkirche, später in Louvre mit grosser Pracht statt.

Den letzten Orden im alten Frankreich, den des h e i l i g e n L u d w i g, stiftete Ludwig XIV. 1693 für Land- und Seeoffiziere, die sich in seinen Diensten ausgezeichnet hatten. Er bestand aus acht Grosskreuzen, 24 Commandeurs und einer unbeschrankten Anzahl von Rittern; er erhielt eine Dotation von 300000 Livres, und die Ritter bezogen Pensionen von 800 bis 2000 Livres. Natürlich waren nur Katholiken aufnehmbar. Für die später in der Armee wieder häufig dienenden Protestanten gründete Ludwig XV. den militärischen Verdienst-Orden. Die Nationalversammlung beschloss in der Verfassung von 1791 die Abschaffung aller Orden, mit Ausnahme desjenigen des Heiligen Ludwig, welchen aber der Convent 1792 ebenfalls aufhob. Napoleon I. stiftete als Consul 1802 den heute einzigen französischen

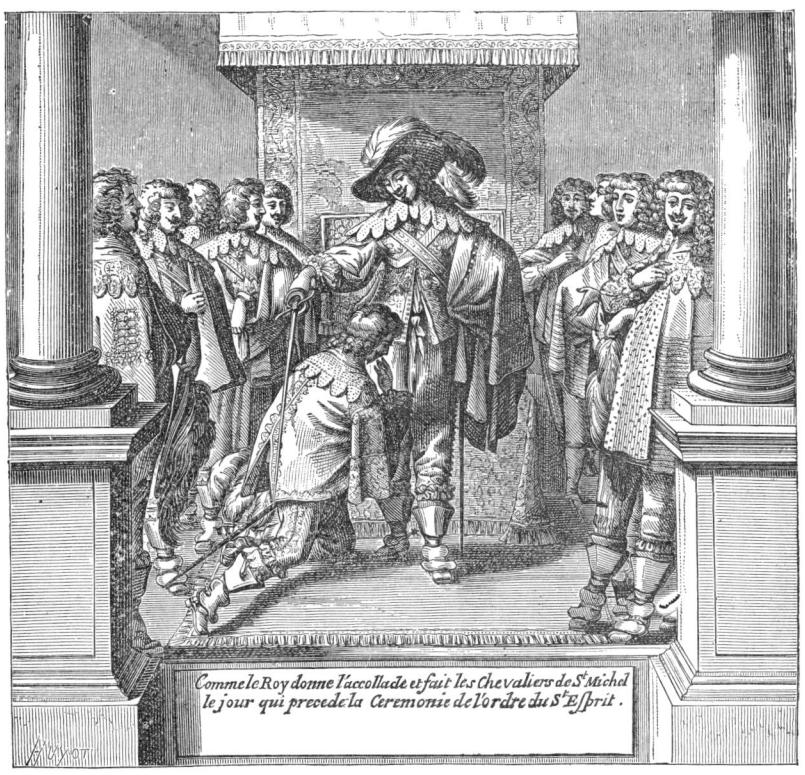

Commele Roy donne l'accollade et fait les Chevaliers de S.t Michel le jour qui precede la Ceremonie de l'Ordre du S.t Esprit.

Ritterschlag des St. Michaelsordens am Tage vor dem des Heiliggeistordens.

Orden, den der Ehrenlegion, dessen Abzeichen bekanntlich ein kreuzartiger fünfstrahliger Stern ist.

Schon frühe entstanden fürstliche Orden in den skandinavischen Ländern, so in Dänemark 1219 der Danebrog und 1462 der Elefantenorden, und in Schweden 1285 der Seraphinen-Orden auch gen. das blaue Band, welcher 1748 erneuert wurde. Das Alter der beiden älteren Orden ist übrigens zweifelhaft; der Elefantenorden war ursprünglich ein geistlicher und wurde 1559 weltlich; seine Mitglieder müssen vorher den Danebrog erhalten haben.

In England entstanden 1348 der Hosenband- (Garter) und 1399 der Bath-Orden. Ersterer knüpft sich an eine zweifelhafte Sage und hat zur Devise: «honny soit qui mal y pense»; seine sehr pomphaften Gebräuche werden von einem Wappenkönig (King of arms) geleitet.

Der ursprünglich savoiische, jetzt höchste italienische Annunciaten-Orden entstand 1360 oder 1362 durch Herzog Amadeus VI. Er wird nur an Ritter des Mauritius- und Lazarus-Ordens verliehen, und der König ist Grossmeister. Der 1561 durch Grossherzog Cosmus von Toskana gestiftete St. Stephanus-Orden zeichnete sich in den Kämpfen gegen die Türken aus und soll über 5600 Gefangene und 15000 Sklaven aus türkischer Gewalt befreit haben. Er war dem Malteserorden sehr ähnlich und auch zur Hälfte ein geistlicher Orden, ist aber eingegangen.

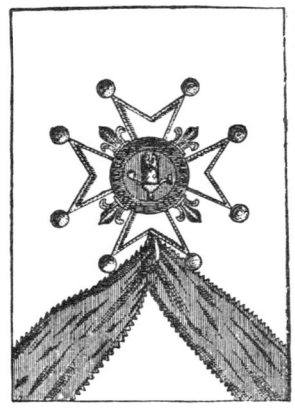

Kreuz des Heiligen Ludwigs-Ordens.

Einer der bedeutendsten fürstlichen Orden wurde der 1430 durch Herzog Philipp den Guten von Burgund gestiftete des Goldenen Vliesses (toison d'or). Sein ursprünglicher Zweck war der Kampf gegen die Türken. Anfangs bestand er aus nur 24 Rittern ohne Tadel, die später auf 51 anwuchsen. Durch Erbschaft ging er an das Haus Habsburg über und ist gegenwärtig sowohl ein österreichischer, als ein spanischer Orden. Das Abzeichen ist ein goldenes Widderfell, bei Festen an einer goldbordierten und meergrün emaillierten, aus Feuerstahl- und flammenden Feuerstein-Formen gebildeten Kette, gewöhnlich aber an einem ponceauroten Bande getragen, die Tracht ein hochroter, samtner, weissgefütterter Talar, darüber ein purpurner Mantel mit Saum von weissem Atlas und eine purpurne, goldgestickte Samtmütze. Die Ordensdevise ist die burgundische, auch auf den Fahnen dieses Herzogtums prangende: je lay emprins (ich habe es unternommen).

In Deutschland entstanden: 1444 der Hubertus-Orden, ursprünglich von Jülich-Berg gestiftet, jetzt bairisch, in Preussen: 1665 der später als Orden «pour le mérite» benannte Verdienstorden, 1701 der Schwarze und 1705 der Rote Adlerorden.

Kapitel des Ordens vom Goldenen Vliess.

Aus älterer Zeit stammt noch der portugiesische Orden vom Turm und Schwert, gestiftet 1459 durch Alfons V.

Russland erhielt 1698 durch Peter den Grossen den St. Andreas-Orden und nahm den 1705 für Polen gestifteten Weissen Adler-Orden in seine Obhut.

Seit dem 18. Jahrhundert haben sich die fürstlichen Orden in ganz Europa, besonders aber in den deutschen Staaten, so ungeheuer vermehrt, dass ihre Übersicht schwierig wird und wir auf besondere Ordens-Verzeichnisse verweisen müssen. Unter ihnen befinden sich (in Preussen und England) auch Frauenorden.

Ausserhalb Europas haben von christlichen Ländern Brasilien und die von Farbigen bewohnten Staaten Hawai und Liberia Orden gestiftet. In den Vereinigten Staaten von Nordamerika wurde von Offizieren 1783 der Cincinnatus-Orden gegründet, mit dem Zwecke, die Union zu verteidigen und aufrecht zu erhalten; er wurde zwar von Washington, der seinen Vorsitz annahm, begünstigt, aber als undemokratisch bald wieder aufgegeben.

Auch nichtchristliche Länder haben in neuester Zeit Orden nach dem Vorbilde der europäischen Staaten gestiftet, so von mohammedanischen die Türkei, Tunis, Persien und Sansibar, von buddhistischen China, Siam, Kambodscha und Japan. Die Abzeichen sind meist Sterne, so auch die von England für die Eingeborenen seines indischen Reiches gestifteten Orden; in Japan aber haben sie teilweise auch Kreuzform.

Wie diese mehrhundertjährige Entwickelung zeigt, ist das Rittertum im Verlaufe der Zeiten, wenn schon in fortwährendem Zusammenhange seiner Phasen, etwas durchaus anderes geworden als es einst war. Der Ritter, dessen Beschäftigung mit den Waffen im Mittelalter von seinem Wesen nicht zu trennen war, ist in der Gegenwart wohl oft ein Kriegsmann, weit öfter aber ein Jünger der Wissenschaft, der Kunst, der Industrie, des Handels und Verkehrs, des Staatsdienstes oder des Hoflebens, und der Name deutet wohl auf ein geschichtliches Werden, ist aber — eben nur noch ein Name.

Inhaltsverzeichnis.

— INHALTSVERZEICHNIS. —